L'ORACLE D'OR

de Félix Fontaine

1862

Traduit de l'anglais par H. de Surmont

Titre original : "Fontaine's golden wheel, fortune teller and dream book"

TABLE DES MATIÈRES

L'OUVRAGE LE PLUS COMPLET SUR LA CARTOMANCIE ET L'INTERPRÉTATION DES RÊVES JAMAIS IMPRIMÉ, CONTENANT UNE

LISTE ALPHABÉTIQUE DES RÊVES, AVEC LEUR INTERPRÉTATION,

ET LES CHIFFRES PORTE-BONHEUR QU'ILS REPRÉSENTENT.

EXPLIQUANT ÉGALEMENT COMMENT DIRE LA BONNE AVENTURE
À L'AIDE DE LA MYSTÉRIEUSE ROUE DE FORTUNE, DES
CARTES, DES DÉS ET DES DOMINOS. COMMENT
PRÉDIRE LES ÉVÉNEMENTS FUTURS PAR LES
LIGNES DES MAINS, LES GRAINS DE BEAUTÉ SUR LE CORPS, LE VISAGE, LES
ONGLES DES DOIGTS, LES CHEVEUX ET LA FORME DE LA TÊTE.
COMMENT TROUVER OÙ CREUSER POUR TROUVER DE L'EAU, DU CHARBON,
ET TOUTES SORTES DE MÉTAUX, AU MOYEN DU

CÉLÈBRE BÂTON DE DIVINATION OU DE CHANCE.

COMMENT DÉTERMINER LE TEMPÉRAMENT ET LA DISPOSITION DE N'IMPORTE QUI, COMMENT DIRE
LA BONNE AVENTURE AVEC LES FEUILLES DE THÉ ET LE MARC DE CAFÉ, LES SIGNES DE L'ÂGE DE LA
LUNE, LES JOURS DE CHANCE ET DE MALCHANCE, AINSI QUE DES CHARMES POUR VOUS FAIRE
AIMER DE VOTRE AMOUR SECRET ET POUR FAIRE POSER LA QUESTION À UN AMOUREUX,
AVEC VINGT FAÇONS DE DIRE LA BONNE AVENTURE À LA VEILLE DU NOUVEL AN, ET UN
LANGAGE COMPLET ET LA SIGNIFICATION DES FLEURS.

PAR FELIX FONTAINE,
Professeur d'astrologie et conférencier en astronomie et philosophie spirituelle.

ILLUSTRÉ DE NOMBREUSES GRAVURES.

1862

L'ORACLE D'OR ET SA ROUE DE FORTUNE

Cet oracle singulier était très consulté au Moyen-Âge et aurait été utilisé par Cagliostro pour l'aider dans ses divinations. Je l'ai trouvé dans un vieux manuscrit latin sur l'astrologie et je l'ai traduit en anglais pour le bénéfice de ceux de mes lecteurs qui ne savent pas lire cette langue. VOIR LA COUVERTURE.

L'ORACLE D'OR RÉPOND :

I. *Obtiendrez-vous la faveur de la personne que vous désirez ?*
II. *Si le quérant obtiendra la préférence qu'il souhaite ?*
III. *La guérison d'un malade est-elle assurée ?*
IV. *Si ladite maladie sera de longue ou de courte durée ?*
V. *Votre attente ou votre souhait sera-t-il exaucé ?*
VI. *S'il est bon de se marier ou non ?*
VII. *L'amitié d'une certaine personne s'avérera-t-elle avantageuse ou non ?*
VIII. *Une personne sera-t-elle être riche ou pauvre ? etc..., etc...*

COMMENT PRÉDIRE À L'AIDE DE L'ORACLE D'OR.

La personne dont on veut connaître la fortune doit placer la roue de la Fortune qui se trouve sur la couverture face à elle, « piquer » dans un nombre au hasard (il est préférable de le faire les yeux fermés), puis consulter l'interprétation, laquelle se trouve au nombre correspondant à celui dans lequel vous avez piqué.

Les observations suivantes s'appliquent à l'un ou l'autre sexe. La personne qui essaie cette roue doit donc remplacer « femme » par « mari », ou tout comme les réponses peuvent convenir à l'une ou l'autre des parties.

1. Si ce nombre est piqué, il assure à la personne qu'elle épousera une personne modeste, mais riche.

2. Quelles que soient vos intentions, pour l'instant, abstenez-vous et soyez patient. Les absents reviendront.

3. Indique la perte d'amis, une mauvaise fortune en justice, la perte d'argent, l'infidélité en amour.

4. Si vos désirs sont extravagants, ils ne seront pas exaucés ; mais faites attention à l'usage que vous faîtes de votre fortune.

5. Très bonne fortune ; prospérité soudaine ; grand respect de la part de hauts personnages ; lettre apportant des nouvelles importantes.

6. Soyez bienveillant à l'égard de ceux qui vous doivent de l'argent ; sinon, vous pouvez vous attendre à recevoir une lettre d'injures.

7. Votre amant(e) se montrera constant(e) et fidèle envers vous.

8. Un ami a traversé la mer et rapportera des richesses qui vous seront très utiles.

9. Un partenaire aimant ; le succès dans vos entreprises ; une famille nombreuse et prospère.

10. Votre mari n'aura pas une grande fortune, mais grâce à votre aide, il vivra probablement dans une situation moyenne.

11. Un voyage très soudain, avec un compagnon de voyage agréable, et le résultat du voyage sera généralement bénéfique pour votre famille.

12. On peut retrouver ce que l'on a perdu avec beaucoup de persévérance et de peine.

13. Une lettre importante va arriver, annonçant la mort d'un parent pour lequel vous n'avez pas une très grande estime, mais qui vous a laissé un héritage.

14. En vous aventurant avec prudence, vous gagnerez doublement, même si vous souffrez de grandes privations.

15. Vous rencontrerez de nombreux obstacles avant de vous installer confortablement.

16. Une connaissance trop soudaine du sexe opposé ; mais on s'y opposera ; il faut néanmoins persévérer, car c'est à son avantage.

17. Un partenaire agréable, un bon caractère et une grande famille d'enfants.

18. Que celui qui choisit ce numéro persévère, car vos projets sont bons et doivent réussir.

19. Vous vous marierez jeune et vous aurez des enfants bienveillants.

20. Votre amant est peut-être peu fréquentable, mais affectueux.

21. Votre mariage augmentera votre bien-être et vous serez très heureux.

22. Un partenaire ivrogne, un mauvais succès commercial, mais le parti ne sera jamais très pauvre, bien que toujours malheureux.

23. Ne négligez pas votre amant ; que votre conduite inspire le respect.

24. Vous avez beaucoup d'amis et aurez probablement une famille nombreuse et vertueuse.

25. Vos voyages seront prospères, si vous êtes prudent.

26. Vous avez de nombreux ennemis qui s'efforceront de vous rendre malheureux.

27. La fortune qui vous est accordée sera convoitée par d'autres.

28. Soyez très prudent dans votre conduite, car ce nombre est très précaire et dépend beaucoup de vous ; il est généralement bon.

29. Méfiez-vous, ou vous serez trompé par la personne à laquelle vous accordez votre attention.

30. Vous aimez quelqu'un qui est affectueux et sincère, et qui mérite le respect.

31. Vous refusez des offres de façon fantasque. Soyez prudent lorsque vous acceptez, ou vous le regretterez.

32. Vous serez très malheureux pendant une courte période, mais soyez prudent, et votre situation s'améliorera très vite.

33. Vous ferez fortune, mais ne vous en inquiétez pas trop.

34. Modifiez vos intentions, ou vous le regretterez quand il sera trop tard.

35. Vous aurez un partenaire riche, mais jaloux, et vivrez dans un grand inconfort.

36. Vous aurez un partenaire sobre, stable et affectueux, mais pauvre.

37. Une très bonne fortune, une prospérité soudaine et une famille nombreuse.

38. Les personnes qui choisissent ce nombre malchanceux doivent bien surveiller leur conduite, sinon la justice les rattrapera.

39. Restez parmi vos amis, vous échapperez ainsi au malheur.

40. Vous aurez un partenaire affectueux, mais pas de famille, et une grande fortune.

41. Si vous avez de l'argent, soyez économe ; si vous en avez peu, soyez charitable.

42. Vous vous disputerez avec votre amant, par jalousie.

43. Vous devrez supporter vos pertes avec courage.

44. Vous obtiendrez un partenaire beau, jeune et riche.

45. Si votre conduite change, votre fortune se rétablira en épousant un partenaire riche.

46. Vous vous êtes mêlé à de mauvaises compagnies, et vous pouvez être sûr que vous serez déshonoré.

47. Une famille nombreuse, des enfants en bonne santé, donnez-leur l'instruction, et ils honoreront leur père et leur mère.

48. Vous serez très malheureux au début, mais persévérez et vos projets seront couronnés de succès.

49. Vous avez un certain nombre d'ennemis secrets, qui essaieront de vous nuire ; soyez sur vos gardes et vous prospérerez.

50. Votre bonheur consistera à faire le bien : ce sont des souvenirs indélébiles, que les contrariétés ne peuvent effacer.

51. Vous mourrez vieille fille, vous avez été trop capricieuse dans le choix de votre partenaire.

52. Votre amoureux voyagera au loin et aura beaucoup de succès.

53. Vous épouserez une personne avec laquelle vous n'aurez que peu de confort.

54. C'est un nombre très chanceux ; quoi que vous fassiez, vous réussirez toujours.

55. Après bien des malheurs, vous serez plutôt à l'aise et heureux.

56. Une bonne conduite produira beaucoup de chance et de bonheur.

57. Par affection, vous vous marierez malheureusement ; mais vous devrez vous efforcer de vous rendre heureux l'un l'autre.

58. Vous avez beaucoup d'amants, mais faites attention à la façon dont vous les choisissez, sinon vous en souffrirez.

59. Votre amoureux est sur le point de rentrer chez lui, mais il a subi de lourdes pertes.

60. Lettre annonçant la perte d'une somme d'argent.

61. Vous avez un ennemi secret, faites attention ou il vous nuira.

62. Vous met en garde contre les conséquences néfastes de l'oisiveté, que ce soit chez vous ou chez votre partenaire.

63. Votre partenaire sera très riche, mais très négligent.

64. Vous serez très pauvre et misérable, avec un seul enfant.

65. L'amour sincère d'un cœur droit sera récompensé.

66. Vous épouserez une personne âgée avec laquelle vous serez très malheureuse.

67. De nombreuses offres se succéderont avant que l'une d'entre elles ne soit acceptée, soyez prudent dans votre choix.

68. Vous jouerez avec la souris jusqu'à ce que vous la perdiez.

69. Prenez garde, vous êtes trompée par votre amant.

70. Vous aurez de gros ennuis, vous auriez dû consulter vos amis.

71. Attention, la personne que vous aimez ne vous aime pas, elle cherche votre perte.

72. Si vous vous mariez à la hâte, vous serez trompé ; attendez patiemment, et vous serez heureux.

73. Dur travail, maigre salaire, peu de joie et beaucoup de soucis.

74. Une épouse grondeuse, mais riche.

75. Votre partenaire sera très riche, mais n'aura pas d'enfants.

76. Vous avez un rival, ne vous y trompez pas ; comptez sur nos tablettes, et vous améliorerez votre situation.

77. Vous aurez beaucoup d'enfants, mais vous serez très pauvre.

78. Ne tardez pas, hâtez votre mariage, ou vous perdrez votre vertu.

79. Votre femme n'aura pas d'enfants, et sera alcoolique.

80. Soyez honnête et laborieux, et vous triompherez de vos ennemis.

81. Vous aurez des enfants qui, si vous leur donnez une bonne éducation, vous rendront heureux.

82. Vous rencontrerez de grandes difficultés, vous perdrez votre partenaire et épouserez un ivrogne.

83. Hâtez-vous de vous marier ; la personne est fidèle, et vous serez heureux.

84. Vous devez rompre le lien que vous avez formé, ou vous serez dans le besoin absolu.

85. Votre amant est jaloux de vous et va rompre le lien.

86. Vous voyagerez au loin et vous vous marierez là-bas, mais vous n'aurez pas d'enfants.

87. Vous vous marierez, mais pas avant d'avoir commencé à vieillir.

88. Attention, vous avez un ennemi secret qui tentera de vous nuire.

89. Vous mourrez vieille fille.

90. Vous vous marierez trois fois, tout en restant très pauvre et misérable.

91. La personne à laquelle vous vous intéressez est fausse.

92. Si vous vous mariez, vous aurez de grands ennuis et beaucoup d'enfants ; persuadez-vous, et vivez célibataires, alors vous serez heureux.

93. Vous vivrez jusqu'à un âge avancé et serez heureux.

94. Un jeune homme se meurt d'amour pour vous, mais veillez à ne pas vous laisser égarer.

95. Vous vous marierez pauvre, mais vous finirez par être riche.

96. Vous êtes trop fantasque et trop fourbe pour être heureux.

97. Ne vous laissez pas flatter, car vous avez une amoureuse.

98. Il vous arrivera, à vous ou à vos enfants, un incident bouleversant qui vous causera de grands ennuis.

99. Vous découvrirez le faux de votre amant.

100. Vous aurez un partenaire très beau, mais très rusé.

QU'EST-CE QU'UN RÊVE ?

Je vous propose dans cet ouvrage, cher lecteur, tout ce qu'il est possible de rassembler en matière de rêves. En dépit du proverbe qui dit que « tous les rêves sont des mensonges », nous en voyons souvent la réalisation et nous sommes informés par eux d'événements plus ou moins intéressants qui nous arrivent par la suite. Un homme prudent et éclairé examinera donc attentivement ses rêves pour savoir lesquels il doit interpréter, négligeant ceux qui sont extravagants en raison d'une imagination trop exaltée ou d'une digestion perturbée.

En consultant ce livre avec attention, en y cherchant l'explication de vos rêves, en devinant les causes qui les ont produits, vous vous écarterez rarement de la vérité, parce que vous suivrez les règles d'une sage combinaison, qui vous empêchera de tomber dans une erreur illusoire sinon fatale.

L'INTERPRÉTATION DES RÊVES.

Dans les Saintes Écritures, Dieu dit qu'il « répandra son Esprit sur toute chair, que les jeunes gens et les jeunes filles prophétiseront, que les vieillards auront des visions et que les jeunes gens auront des songes ». L'histoire sacrée et profane est remplie de tant d'exemples d'accomplissement de rêves, qu'il faut être très sceptique et peu versé dans les sciences naturelles pour refuser d'y croire.

Hippocrate dit que lorsque le corps est endormi, l'âme est éveillée et se transporte partout où le corps pourrait aller, qu'elle connaît et voit tout ce que le corps pourrait connaître ou voir s'il était éveillé, qu'elle touche tout ce que le corps pourrait toucher, en un mot, qu'elle accomplit toutes les actions que le corps d'un homme endormi pourrait faire s'il était éveillé.

Il existe cinq sortes de rêves, nommés différemment en fonction de leurs différentes qualités. Le premier est le rêve, le deuxième la vision, le troisième l'oracle, le quatrième la rêverie et le cinquième l'apparition.

Le rêve est celui qui, pendant le sommeil, nous montre la vérité cachée sous certaines figures, comme lorsque Joseph interpréta au roi Pharaon le rêve des sept vaches maigres qui dévoraient les sept vaches grasses ; le rêve des sept épis pleins, etc.

Une vision est simplement un rêve qui se produit lorsque le corps est éveillé au lieu de dormir, comme Vespasien lorsqu'il a vu le chirurgien qui avait extrait la dent de Néron.

L'oracle est une révélation ou une information donnée par un ange ou un autre esprit céleste qui exécute les ordres de Dieu. L'ange apparaissant à Joseph, l'époux de la Vierge, et aux mages, en sont des exemples.

La rêverie survient lorsque les passions sont si véhémentes qu'elles détruisent l'équilibre mental pendant un certain temps. Ce à quoi l'on pense le jour, on en rêve la nuit, comme un amoureux qui a pensé le jour à sa bien-aimée continuera à le faire la nuit pendant son sommeil. Parfois, quand on craint de rencontrer une personne, on rêve la nuit qu'on l'a rencontrée ; ayant jeûné pendant la journée, on rêve qu'on a mangé, ou, ayant eu soif, qu'on a bu. L'avarice fera que l'avare rêvera de son or, et qu'il en parlera en dormant, comme il ne le ferait pas à l'état de veille.

L'apparition est nommée Fantôme par les Grecs, et n'est que cette vision nocturne que l'on présente parfois aux enfants et aux personnes faibles d'esprit, qui s'imaginent voir des objets présentés pour les intimider ou les tourmenter.

Parmi ces cinq types de rêves, les trois premiers ont une apparence de vérité, mais les deux derniers sont absolument trompeurs.

Il faut remarquer, à propos de tous les rêves, que ceux dont on ne se souvient que d'une partie ne signifient rien du tout ; que seuls ceux que la mémoire retient sont bons et vrais ; qu'ils doivent se produire vers le lever du jour, ou du moins après minuit, parce que jusqu'à ce moment les sens et le corps sont occupés au travail de la digestion, et que l'esprit troublé par le souvenir du dîner, ne peut rêver de rien de raisonnable. Cependant, Artémidore affirme qu'un homme sobre, tempéré et tranquille peut rêver à n'importe quelle heure de la nuit, ou même pendant la journée, et que l'accomplissement de ces rêves est certain.

Certains auteurs divisent les rêves en trois sortes, à savoir les rêves d'objets naturels, d'animaux et d'objets célestes. Les choses naturelles sont celles par lesquelles les médecins jugent du tempérament ; les rêves d'animaux montrent les passions et les soucis que l'esprit a éprouvés pendant le jour ; ceux d'objets célestes sont les intimations des choses divines, comme par exemple la statue que le roi de Babylone vit pendant son sommeil, et qui est si bien expliquée par le prophète Daniel.

Peu de personnes ont le don de rêver ce qui s'accomplira, moins encore savent les interpréter, car il faut observer beaucoup de choses qui ne sont pas généralement connues.

Il y a deux sortes principales de rêves, les spéculatifs ou contemplatifs, et les allégoriques ou significatifs. C'est à ces derniers qu'il faut prêter attention, le spéculatif se produisant dans le réel tel qu'il s'est produit dans le rêve, par exemple : Un prisonnier d'une petite prison de Paris rêva qu'on lui attachait une corde au cou pour le pendre et qu'après l'avoir fait, un étranger apparaissait avec une épée qui coupait la corde et le délivrait de la mort ; cela se réalisa le lendemain, car le juge ayant prononcé sa sentence et l'ayant remis au bourreau, il fut délivré par des personnes inconnues employées par ses amis. Les rêves allégoriques, au contraire, ne se réalisent jamais comme on l'a rêvé. Ainsi, rêver d'un ange signifie une révélation ou une bonne nouvelle, mais voir un serpent qui cherche à nous mordre signifie des troubles dus à l'envie des autres.

Les rêves spéculatifs se réalisent rapidement, les rêves allégoriques moins vite, un jour ou deux s'écoulant souvent entre le rêve et sa réalisation.

SUR L'INTERPRÉTATION DES RÊVES.

« Les rêves ? C'est absurde ! » s'écrie une personne au visage grave. C'est vrai ! Et où cette personne au visage grave a-t-elle appris sa sagesse ? Pas par l'expérience, je m'y engage. Non, l'expérience nous enseigne le contraire. Les rêves ne sont *pas du tout* absurdes. C'est ce que je maintiens ouvertement à la face du monde entier.

Je soutiens même que *chaque rêve a sa signification*. Non pas qu'il révèle toujours l'avenir, je suis loin de l'affirmer. Je dis seulement qu'il *a sa signification*. En général, un rêve nous permet de jeter un regard dans l'âme ou dans le cœur de l'homme. Les pensées qui habitent la première, et les sentiments qui animent le second, se dessinent pendant le sommeil en diverses images qui jettent une vive lumière sur le caractère. Il y a sans doute eu beaucoup de fictions extravagantes présentées comme des faits relatifs aux rêves, mais il existe suffisamment de preuves crédibles de leur importance pour que tout rêve étrange fasse l'objet d'une réflexion et d'un examen de la part du rêveur ; et l'on ne peut nier que beaucoup de choses dans nos rêves sont en fait des présages.

UNE LISTE DE RÊVES, AVEC LEUR VÉRITABLE INTERPRÉTATION, AINSI QUE LES NUMÉROS CHANCEUX DE LA LOTERIE QU'ILS SIGNIFIENT.

ABATTOIR. Rêver que l'on se trouve dans un abattoir vide, indique que l'on est en danger, mais que l'on peut l'éviter en prenant des précautions. Voir des animaux abattus est un bon signe, si le sang coule librement ; si le sang ne coule pas, vous rencontrerez un accident. 26, 12.

ABCÈS. Si vous rêvez que vous avez un abcès ou une plaie qui coule sur votre personne, cela présage une bonne fortune et une bonne santé, qui seront précédées d'une maladie. 3, 27.

ABEILLES. Il est bon et chanceux de rêver d'abeilles ; pour un fermier, cela prédit de bonnes récoltes ; pour un amoureux, un excellent succès avec sa bien-aimée ; pour une jeune fille, cela promet un mari bon et riche. 17, 62, 4.

ABONDANCE. Si vous rêvez que vous avez une surabondance de quelque chose, cela va à l'encontre et est un signe de pénurie ; comme si un fermier rêvait qu'il avait une grande récolte, cela annoncerait une pénurie - peut-être pas de l'article particulier dont il rêvait, mais de quelque chose qui serait important pour lui. 15.

ABRICOTS. Satisfaction, santé et plaisir, s'ils sont de saison ; sinon, vaines espérances, mauvaise fortune. 22, 5, 64.

ABSENCE. Rêver de personnes absentes signifie qu'elles reviendront bientôt. C'est aussi un signe de réussite dans les affaires. 4, 22.

ABUS. Rêver que l'on vous maltraite et que l'on vous insulte, c'est le signe qu'un différend va s'élever entre vous et une personne avec laquelle vous avez des affaires ; si vous êtes amoureux, soyez assuré que quelqu'un a essayé de vous blesser avec l'objet de votre affection, et qu'il a réussi dans une large mesure. 6, 38, 44.

ABYSSE. La vision d'un abîme ou d'un trou profond est un avertissement ; évitez, après un tel rêve, d'entreprendre un voyage par terre ou par mer pendant huit heures quarante, car cela présage des accidents de voyage. 62, 19.

ACCIDENT. Rêver qu'un accident vous est arrivé, ou à quelqu'un de votre famille, ou avec qui vous vivez, prédit que vous verrez quelqu'un que vous ne vous attendez pas à voir. 72, 3, 11.

ACCUSER. Rêver qu'une personne vous accuse de quelque chose, est favorable au rêveur. 66, 4.

ACHETER. Rêver qu'on achète toutes sortes de choses dont on se sert est bon ; acheter ce qui n'est que pour la nourriture et le soulagement est bon pour les pauvres ; mais, pour les riches, cela signifie des dépenses et de grandes charges. 19, 2, 69.

ACQUAINTANCE. Rêver que l'on se querelle ou que l'on se dispute avec une connaissance, présage des divisions dans sa propre famille ; en amour, de l'infidélité ; et des pertes dans les affaires. 42, 6.

ACTES. Signer son nom sur des actes, c'est un mauvais signe ; pour un homme, la perte d'une affaire ; pour une femme, l'inconstance de son amant. 7, 8.

ACTRICE. Si vous rêvez que vous l'aimez, c'est un signe que vous rencontrerez des adversités. Si vous rêvez que vous la voyez sur scène, vous réussirez dans toutes vos entreprises. 68, 5, 18.

ADIEU. Dire adieu, ou entendre quelqu'un le dire, est un mauvais signe, vous allez apprendre des nouvelles douloureuses. 45, 9.

ADULTÈRE. Dans la plupart des cas, il est de mauvais augure de rêver que l'on a commis cet acte. Si la personne dont vous avez rêvé est mariée ou prostituée, vous pouvez être presque sûr qu'un malheur vous atteindra. Si elle est vierge, cela prédit simplement que vous serez bientôt invité à un mariage. Pour une femme mariée, rêver d'adultère est le signe qu'elle va bientôt concevoir et avoir une fille. Pour une femme célibataire, un tel rêve est un signe de malheur. 51, 7, 3.

AFFAIRES. Rêver qu'on est plein d'affaires, est significatif d'une bonne fortune inattendue ; les terminer, d'un mariage ; si les affaires semblent mauvaises, c'est un bon signe. 41.

AGNEAUX. Voir de jeunes agneaux gambader autour de leur mère est un excellent présage, car cela dénote l'économie et le bonheur dans les liens familiaux ; si vous les voyez téter, c'est le signe d'un accroissement de votre famille par la naissance d'un enfant. Pour les amoureux, rêver de jeunes agneaux, c'est prédire un mariage rapide et heureux. 24, 60.

AGRICULTURE. Rêver d'instruments aratoires a plusieurs interprétations : rêver d'une charrue indique le succès dans la vie et un bon mariage ; rêver d'un joug est défavorable, à moins qu'il ne soit brisé ; rêver d'un attelage signifie la mort dans une famille, rêver d'une faux signifie la maladie. 76, 44.

AGRUMES. Rêver de ces fruits, dénote un succès dans les affaires amoureuses, et un mariage heureux. 39, 78.

AIGLES. Rêver que l'on voit un aigle planer très haut dans les airs, dénote la prospérité, la richesse et les honneurs : pour l'amoureux, cela annonce le succès dans l'amour et le mariage. 48.

AIGUILLES. Rêver d'aiguilles signifie que vous serez gravement blessé par la tromperie de prétendus amis. Si une fille rêve qu'elle se pique avec une aiguille, c'est le signe que son soupirant tentera de prendre des libertés inappropriées. 8, 49.

AIL. Si un homme rêve qu'il mange de l'ail, cela signifie qu'il découvrira des secrets cachés et qu'il rencontrera des problèmes domestiques ; cependant, rêver qu'il en a dans la maison est bon. 6, 11, 66.

AIR. Rêver que vous le voyez clair et serein, indique que vous serez aimé et estimé par la plupart des gens ; en justice, le succès. En bref, tout ce qui est bon est indiqué par un air clair et serein. Mais rêver que le ciel est chargé, nuageux, sombre et troublé, dénote pour le rêveur un chagrin, une maladie, la perte d'un bien, un obstacle dans les affaires et des difficultés en amour. 12, 9.

ALLAITEMENT. Si une femme mariée rêve qu'elle allaite un enfant, cela présage qu'elle en mettra bientôt un autre au monde ; si un célibataire rêve qu'il voit un enfant allaité, il ferait mieux de se dire qu'il aura bientôt à payer la pension d'une jeune femme, qu'il se marie ou non ; mais comme cette dernière solution serait la meilleure, qu'il se mette tout de suite à la recherche d'une femme. Un homme marié qui rêve de cela deviendra bientôt un père heureux. 7, 9, 63.

ALLIGATOR. (*Voir Reptile.*)

ALOUETTE. Rêver d'une alouette indique un accroissement rapide de la fortune. Pour les amoureux, c'est un présage très favorable, et c'est un signe que le cours de l'amour véritable se déroule sans heurts. 47, 68.

AMANDES. Signifient la richesse et le bonheur ; en manger indique que l'on aura de la chance en amour. 73, 18, 10.

AMOUR. Rêver que l'on est amoureux est un signe que l'on se ridiculisera et que l'on fera quelque chose de stupide, dont on aura honte par la suite - ce qui montre que le rêve fonctionne à l'inverse - car l'amour est tout sauf un sentiment stupide, à moins qu'il ne soit entretenu par des imbéciles. Pour une jeune fille, rêver qu'elle tombe amoureuse annonce qu'elle sera moquée et ridiculisée pour quelque folie. 64, 52, 1.

AMPOULE. Si vous rêvez d'une ampoule brillante et agréable, cela signifie que vous avez du succès en amour. Si la lumière est faible et n'a pas l'air naturel, votre belle ou votre amoureux vous quittera ou mourra. 36.

ANANAS. Rêver de ce fruit est un signe d'or ; si vous en voyez en abondance, vous recevrez de l'or en abondance peu après : une jeune fille qui rêve d'ananas aura probablement un mari riche. 22, 9, 78.

ANCRE. Rêver que l'on en voit une, signifie un succès inattendu en amour ; mais dans les affaires, cela montre que le succès est lointain, et qu'il ne peut être obtenu qu'avec soin. 47, 36.

ÂNE. Rêver que l'on entend un âne braire, indique que l'on subira quelque perte ; voir un âne courir, signifie un malheur. 62, 18, 20.

ANGE. Rêver que vous voyez des anges dans votre sommeil, est un signe que certains sont près de vous, et que le reste de votre rêve se réalisera. Voir beaucoup d'anges est un signe de beaucoup d'enfants et de prospérité. 16, 8, 24.

ANGUILLES. Rêver d'attraper ou de manipuler des anguilles indique que vous aurez de la chance, mais des difficultés. Si les anguilles vous glissent entre les mains et vous échappent, cela signifie que vous subirez une perte. 41, 6.

ANIMAL DE COMPAGNIE. Si une fille rêve qu'elle a un animal de compagnie, quel qu'il soit (à l'exception bien sûr d'un enfant), c'est le signe qu'elle ne se mariera jamais ; si elle rêve d'un enfant de compagnie, ou d'un enfant qu'elle adore, cela lui prédit un mariage prolifique. 49.

APPARITION. Rêver que l'on voit une apparition ou un esprit, vêtu de blanc, signifie tromperie, tentation de pécher, et déception en amour. 57.

Voici une ancienne prédiction en vers :

> *Rêver de voir des apparitions étranges,*
> *Comme les diables, les hobgobelins et autres visions de ce genre,*
> *Montre ton amour, ou ta chérie,*
> *Il a un beau visage, mais un cœur de diable.*

ARAIGNÉE. Rêver que l'on voit une araignée venir vers soi, c'est le signe que quelqu'un va bientôt vous payer de l'argent : si l'on imagine que l'araignée tourne devant soi, le présage est semblable, car on va gagner beaucoup d'argent d'une manière ou d'une autre. Si une femme mariée rêve qu'elle voit une grosse araignée, cela présage qu'elle fera une fausse couche, ce qu'elle ne regrettera pas. 72, 16.

ARBRES. Rêver d'arbres verts et florissants est un excellent présage, car cela annonce la richesse - plus les arbres sont grands, meilleure est la fortune : si vous rêvez de grimper dans un arbre élevé, vous serez non seulement riche, mais vous atteindrez une grande distinction. Si une jeune fille rêve qu'elle voit son amoureux en haut d'un arbre, elle épousera un homme riche et distingué. 4.

ARC-EN-CIEL. C'est un excellent rêve que de s'imaginer voir un arc-en-ciel brillant, plus il est lumineux, mieux c'est : il dénote la santé et la prospérité générale : pour les amoureux, il prédit un mariage heureux et la richesse. Une jeune fille qui rêve d'un arc-en-ciel recevra un amoureux agréable ou un cadeau. 45.

ARGENT. Rêver qu'on trouve de l'argent est un excellent présage, car cela annonce qu'on en aura bientôt : si, dans votre rêve, vous voyez des billets de banque d'une grande valeur, ou de grosses pièces d'or, le signe est semblable : voir de petites pièces d'argent n'est pas aussi bon, bien que ce soit un rêve assez juste. Rêver que l'on reçoit de l'argent est de bon augure ; en amour, cela annonce un mariage et des enfants. Rêver que l'on perd de l'argent est une preuve que l'on ne réussira pas dans une activité favorite. 18, 4.

ARMES À FEU. Rêver que l'on s'arme d'un pistolet annonce que l'on perdra son rang et que l'on deviendra peut-être pauvre. Si une jeune fille rêve que son amant porte un pistolet, elle peut être sûre qu'il est au-dessous d'elle dans la vie sociale et qu'il ne lui conviendra donc pas. 16, 21, 57.

ASPIC. Rêver de l'aspic ou d'une vipère, c'est un signe que l'on conçoit des ennemis ; mais il est bon qu'ils ne vous mordent pas. 17, 4.

ASTICOTS. Rêver que l'on voit quelque chose de putride et couvert d'asticots est un signe de mort ; mais la mort peut être celle de votre chien, chat ou oiseau préféré, bien qu'un tel rêve prédise souvent la mort d'un parent ou d'un ami. 5.

ATTELAGE. Rêver que l'on voit des bovins sains et bien portants, attelés ensemble et agissant en harmonie, est le signe d'un mariage heureux : si une fille rêve cela, elle sera susceptible de mettre son propre cou dans le joug d'Hymen avant longtemps. S'imaginer que l'on voit des bovins attelés se disputer et essayer de sortir leur cou du joug, prédit des problèmes matrimoniaux, bien que cela dénote encore le mariage pour les non-mariés. 6, 11.

AUMÔNE. Rêver qu'on vous la demande, et que vous la refusez, indique le manque et la misère pour le rêveur ; mais rêver que vous la donnez généreusement, est un signe de joie et de longue vie. 11, 13, 4.

AU-DESSUS. Rêver que l'on voit un objet suspendu *au-dessus de* soi signifie que l'on s'améliorera dans ses perspectives mondaines et que l'on sera bientôt dans une meilleure situation qu'avant de faire ce rêve. 76, 62, 14.

AUTEL. Rêver d'un autel signifie joie et affection amoureuse. D'une *arche*, c'est la même chose. 71, 63, 4.

AVARE. Rêver d'un avare est un signe de gaspillage, de perte ou de destruction : si vous le voyez compter et amasser de l'argent, cela annonce que vous en perdrez ou qu'on vous en volera. Le voir rapiécer ses vêtements, sa maison ou sa grange indique une calamité, telle qu'un vol ou un incendie. 14, 62.

AVOCAT. Rêver que l'on rencontre un avocat, apporte de mauvaises nouvelles ; si vous lui parlez, vous perdrez quelque bien ; si vous entendez quelqu'un parler en sa faveur, vous rencontrerez quelque malheur. 16.

AVOINE. Rêver de cette céréale annonce un voyage par voie de terre : si une jeune fille fiancée rêve d'avoine, cela indique que son voyage de noces n'est pas loin. 69.

AVEUGLE. (*Voir Oeil.*) Rêver d'être aveugle montre que l'on est trompé par un prétendu ami ; ce rêve menace aussi le rêveur de manquer d'argent ; pour un amoureux, il prédit que sa dulcinée ne lui est pas fidèle ; ce rêve prédit aussi la mort. 66.

BABEURRE. Pertes dues à une extension de l'activité. Pour les malades, c'est un signe de convalescence rapide. 71.

BACON. Rêver de bacon ou de porc indique la mort d'un ami ou d'une relation, et que des ennemis essaieront de vous faire du mal ; en amour, cela indique une déception quelconque. 74.

BAGARRE. Si vous rêvez que vous vous battez, cela annonce à un homme d'affaires qu'il s'engagera bientôt dans une nouvelle entreprise qui sera couronnée de succès ; à un ouvrier, cela prédit une augmentation de salaire. 44, 78.

BAGUE. Le fait qu'une dame rêve qu'un homme lui offre une bague ou qu'elle possède une bague appartenant à un homme est un signe de mariage. Si un jeune homme rêve qu'il a reçu une bague de femme, le présage est similaire. Rêver que l'on trouve une bague, c'est prédire que la personne qui la trouve se mariera dans l'année qui suit. 4, 20.

BAIES DE SUREAU. Rêver de baies de sureau est un présage de bonheur et de richesse : à une jeune fille, elles annoncent un mariage rapide ; à une femme mariée, qu'elle sera bientôt enceinte ; à un commerçant, le succès dans les affaires ; à un agriculteur, de bonnes récoltes. 30, 33.

BAILLON. Si vous rêvez que votre bouche est fermée par un bâillon, cela indique que vous serez bientôt embrassé par une jolie fille. Pour une jeune fille, un tel rêve prédit qu'elle verra un homme qui lui plaît et qu'elle en tombera peut-être amoureuse. 13.

BAIN et BAIGNADE. Rêver que l'on se trouve dans un bain et que l'on voit des gens se baigner est un signe que l'on aura de la chance dans une entreprise. Si vous vous baignez vous-même, cela prédit que vous apporterez un bienfait à une personne qui vous en sera très reconnaissante. Ce rêve annonce également un changement de résidence. 20, 31.

BAÏONNETTE. Rêver d'une baïonnette indique que l'on a des ennemis vindicatifs. 64, 7.

BAL. Si vous rêvez que vous êtes à un bal et que vous dansez avec une dame, c'est un signe que vous l'épouserez ; si vous rêvez qu'elle est partie et que vous cherchez à la retrouver sans y parvenir, cela signifie qu'elle ne vivra pas longtemps après le mariage.

BALAI. Si une jeune fille rêve qu'elle balaie la maison, cela signifie qu'un amant va bientôt faire son apparition. Si une femme mariée rêve cela, cela signifie qu'un étranger est charmé par elle, et qu'il pourrait se risquer à lui faire des propositions déshonorantes. 39, 12.

BALANCE. Rêver que l'on pèse un objet quelconque est de bon augure et signifie que l'on sera heureux et que l'on vivra longtemps ; mais rêver que l'on voit une autre personne se servir de la balance est un signe que l'on sera ruiné par des procès. 68, 40.

BALEINE. Rêver que l'on voit un de ces monstres vivants dans l'océan est un signe que l'on risque de perdre sa vie ou ses biens. Si l'on rêve que l'on réussit à harponner une baleine, cela présage une grande et abondante fortune. 37, 22, 61.

BALLE. Rêver qu'on joue à la balle, ou qu'on la voit jouer, prédit la réception rapide d'argent ; voir la balle rouler signifie qu'on tarde à la recevoir. 54, 11, 55.

BANANE. Rêver de ce fruit délicieux est de bon augure ; si vous rêvez que vous mangez une banane, c'est un signe que vous serez riche et heureux. Rêver que l'on voit pousser des bananes est un signe de succès en amour. Si une jeune fille rêve que son amant lui offre une banane mûre, cela signifie qu'elle sera bientôt mariée ou qu'elle devrait l'être. 4, 11, 44.

BANQUE. Si vous rêvez que vous allez dans une grande banque et que vous y avez de l'argent, c'est le signe que vous serez pauvre à un moment donné de votre vie. 5, 78.

BANQUEROUTE. Un mauvais rêve, votre entreprise est dans une position dangereuse, et sans une grande prudence vous serez forcé d'arrêter. 17, 60, 46.

BAPTÊME. Rêver que vous assistez à un baptême est un bon signe, vous obtiendrez ce que vous espérez ; pour une jeune fille, cela signifie qu'elle sera bientôt mariée. 70, 50, 1.

BAQUET. Rêver d'un baquet est de mauvais augure : s'il est rempli d'eau, vous avez un malheur à craindre ; un baquet vide signifie des ennuis ; et se heurter à un baquet, du chagrin. 46, 9.

BARBE. Rêver que l'on a une très petite barbe signifie que l'on a des procès en justice ; si la barbe est longue et épaisse, le rêve est bon, car il indique le succès ; si l'on rêve que sa barbe tombe, c'est que l'on perdra un proche parent ou que l'on sera en disgrâce. 47, 3.

BAS. Rêver de bas de coton annonce un bonheur modéré ; de bas de soie, la pauvreté. Les enlever, c'est recevoir de l'argent. Les bas troués signifient la perte de biens. 47, 71.

BASSIN. Si vous rêvez qu'il est plein, argent ; s'il est vide, vous ferez beaucoup de dettes. 2, 13, 69.

BATAILLE. Si vous rêvez que vous participez à une bataille, ou si vous voyez une bataille, c'est le signe que vous entreprendrez bientôt quelque nouvelle entreprise, et que vous abandonnerez l'affaire ou la profession dans laquelle vous êtes engagé ; cela prédit aussi à une jeune fille qu'elle rencontrera un jeune homme qui l'intéresse beaucoup ; à un soldat, cela prédit qu'il sera promu au rang de soldat. 14.

BATEAU. Rêver que vous naviguez dans un bateau par un temps agréable et que vous vous amusez, dénote un bon succès dans les affaires ; pour les amoureux, cela prédit le bonheur ; si le temps est agité, cela prédit des querelles, qui seront rapidement réglées ; les rêves de navigation en douceur dans des bateaux sont clairement bons pour toutes sortes de personnes.

Rêver d'être dans un bateau,
montre que les fantaisies des jeunes filles flottent ;
Et qu'ils coulent ou qu'ils nagent, c'est ce qu'ils font,
Pour essayer le sport de l'amour, ils montreront leur habileté.

Rêver de voir un navire à pleines voiles, alors que vous êtes sur le rivage, est un signe que vous tomberez bientôt amoureux d'une jolie fille, qui vous favorisera ; mais si vous voyez ce navire alors que vous êtes sur l'eau dans un autre bateau, cela montre que votre bien-aimée sera jalouse de vous. Rêver que vous faites naufrage et que vous perdez vos biens, annonce de la chance dans les affaires, mais des querelles dans les relations amoureuses. 29, 8, 71, 10.

BÂTIMENT. Rêver de voir un grand bâtiment est un signe que vous serez présenté à quelqu'un avec qui vous deviendrez intime par la suite. Pour une jeune femme, cela prédit qu'elle aura un nouvel admirateur. 17, 25, 1.

BÂTON. Tenir un bâton prédit le deuil ; s'en servir comme d'un accessoire, l'instabilité de la fortune ; en donner à quelqu'un montre que vous êtes charitable ; recevoir une raclée avec un bâton prédit que vous améliorerez votre position dans la vie. 7.

BATTRE. Pour les gens mariés, rêver de battre quelqu'un indique qu'ils vivront une vie paisible ; pour les célibataires, une bonne fortune dans leurs amours ; si un amant bat sa maîtresse, ou une dame son prétendant, cela indique que l'union sera rompue. 5.

BÉBÉ. (*Voir Nourrisson*).

BÉLIER. Rêver qu'un bélier court vers vous pour vous heurter, annonce à un jeune homme que sa société sera convoitée par les filles, et qu'il aura de la chance dans les affaires amoureuses en général : si une fille rêve cela, elle aura probablement le choix de ses amants, car tous les jeunes gens autour d'elle tomberont amoureux d'elle : si le bélier réussit à la heurter, elle sera certainement prise captive et amenée comme prisonnière de Cupidon dans les rangs des matrimoniaux. 19.

BÉQUILLES. Si tu rêves que tu les utilises, ton amour t'abandonnera ; si tu les vois seulement, quelque infirmité te pressera ; si tu les brises, tu guériras de la maladie. 46, 19.

BERCEAU. Rêver que l'on berce un berceau est de bon augure et signifie une vie longue et prospère. Pour les mariés, c'est un signe de bonheur domestique, et pour les célibataires, un signe de mariage rapide avec l'objet de leur affection. Rêver que l'on bouleverse un berceau, c'est présager une maladie ou une perte dans les affaires. 46, 5.

BÉTAIL. Rêver que l'on voit du bétail en train de paître, dénote une grande prospérité et un succès inattendu ; pour un amoureux, cela prédit un mariage heureux, avec beaucoup d'enfants ; et pour un homme marié, cela indique que sa femme recevra un héritage inattendu ; rêver que l'on conduit du bétail, dénote que l'on deviendra riche par l'industrie ; si l'on voit du bétail gras, cela dénote une année abondante ; si l'on voit du bétail maigre et affamé dans son rêve, cela dénote la pénurie et la famine. 6, 11, 66.

BEURRE. Si vous le mangez, vous serez surpris par une bonne fortune, mais mêlée de tristesse. 11, 7.

BIÈRE. Rêver que l'on boit de la bière est un signe certain de problèmes domestiques. 6, 8.

BIJOUX. Les chaînes, les perles, les pierres précieuses, etc., et tous les ornements sur la tête et le cou des femmes, sont de bons rêves pour le beau sexe ; pour les veuves et les jeunes filles, ils signifient le mariage ; et pour celles qui sont mariées, la richesse. Si un homme rêve qu'il possède des bijoux, c'est un signe certain qu'il perdra quelque chose de grande valeur. 46, 75.

BLANCHISSEMENT. Rêver que l'on blanchit sa maison ou son lieu de travail est un excellent présage, car cela vous promet une bonne santé, un bon nom et une bonne réputation parmi vos amis. Si une femme rêve qu'elle blanchit sa maison ou une partie de celle-ci, cela prédit qu'elle aura un fils qui sera distingué, ou qu'un de ses actes attirera l'attention du public. 42, 77.

BLESSURE. Rêver que l'on est blessé par un coup de couteau ou de fusil par un ennemi, présage des pertes et de la pauvreté ; si les blessures sont accidentelles, cela dénote encore des pertes, bien que votre fortune générale puisse ne pas être affectée. 13, 42.

BOCAUX. Les bocaux de fruits conservés ou de gelées, vus en rêve, sont de bon augure ; si vous rêvez qu'on vous en présente un ou plusieurs, cela indique que vous vivrez longtemps et que vous serez économe. 15, 39.

BOEUF. Rêver que le boeuf est rôti est bon ; mais bouilli, cela montre une maladie ; et cru, une grande déception ; particulièrement pour ceux qui ont récemment formé un attachement ou une nouvelle relation. 48, 2.

BOIRE. Rêver que l'on boit de l'eau froide est bon pour tous ; chaude, maladie et empêchement ; le vin est bon ; le vin doux, succès en amour ; l'huile, maladie ; les récipients d'or, d'argent ou de faïence, sont destinés à la tranquillité ; la corne, implique le bien ; le verre, le mal. 67.

Si les jeunes filles rêvent de boire
dans les caves, elles peuvent penser, en s'éveillant,
que leurs amoureux
les quitteront
sans tarder
et s'enfuiront bientôt.

BOIS. (*Voir bosquet et pique-nique*).

BONBONS. Rêver de bonbons est un signe de tranquillité domestique. 47, 8.

BONNET. En mettre un, c'est être prudent dans ses amours ; en enlever un, c'est montrer que ce que l'on veut cacher sera découvert ; si l'on reçoit un bonnet, c'est que l'on sera bientôt marié. 64, 38.

BOSQUET. (*Voir Pic-Nic.*) Rêver de bosquets ou de bois agréables et verdoyants est un excellent signe, car il prédit le bonheur et le succès ; si les bosquets sont dépourvus de feuilles, c'est le contraire, et vous serez pauvre et malheureux. 65, 78.

Une jeune fille qui rêve de bosquets verdoyants,
Elle aura sûrement l'homme qu'elle aime ;
Mais si les bosquets sont frappés par le gel,
Elle sera aussi sûre dans le mariage croisé.

BOTTES. Le rêve de bottes et de chaussures neuves indique des amours pour les célibataires et des amis pour les personnes mariées ; les vieilles bottes indiquent une séparation, et celles qui sont sales ou vieilles sont un signe de pauvreté et de chagrin. 33.

BOUCHE. Rêver d'une grande bouche et de grosses lèvres est un signe certain que vous serez embrassé par quelqu'un du sexe opposé : rêver d'une bouche déformée, ou d'une lèvre lièvre, indique à une femme qu'elle aura un enfant difforme, et à un homme qu'il se mettra en difficulté par son intimité avec une femme : rêver d'une petite bouche et de lèvres minces est un signe de paroles fortes et colériques, et que quelqu'un vous grondera. 27, 6, 3.

BOUCHER. Si, dans votre rêve, vous voyez un boucher tuer un animal, c'est le signe de la mort d'un ami ou d'un proche. Si un fermier rêve qu'il voit des moutons tués, c'est qu'il aura probablement un troupeau prolifique. 73, 33, 16.

BOUCLES D'OREILLES. Rêver d'acheter une paire de boucles d'oreilles est un bon rêve pour le beau sexe ; pour les veuves et les jeunes filles, elles signifient le mariage ; pour celles qui n'ont pas d'enfants, qu'elles en auront ; et pour celles qui ont des maris et des enfants, des achats et des richesses ; car de même que les femmes sont pourvues de ces boucles, de même elles seront pourvues de maris, d'enfants et de biens. 32.

BOUE. Rêver que l'on se couvre de boue en se faisant éclabousser, c'est le signe que l'on vous dément et que l'on parle de vous. 29.

BOUGIES. Rêver de bougies allumées, c'est le signe que vous deviendrez religieux, ou que vous recevrez bientôt la visite d'un pasteur qui vous annoncera de bonnes nouvelles. Voir une bougie éteinte, c'est le signe d'un enterrement. Allumer une bougie, c'est réussir dans ce que l'on entreprend. 21, 67, 46.

BOUILLOTTE. Si une personne célibataire rêve que son lit est réchauffé par l'un de ces ustensiles, c'est un signe avant-coureur de son mariage ; si une femme mariée rêve cela, c'est un signe qu'elle ira au lit avec un compagnon de lit étranger (on ne sait pas si c'est un homme ou une femme). 16.

BOULET DE CANON. Voir un boulet de canon dénote un malheur. 6, 2.

BOUQUET. En recevoir un, beaucoup de plaisir ; en donner un, signifie que votre amant est constant. 43, 7.

BOURGEONS. Si vous rêvez que vous voyez des arbres ou des plantes en fleurs, cela prédit que vous recevrez de l'argent ou un article que vous n'attendiez pas. Cela signifie aussi que vous vous réjouirez d'une chose qui va bientôt arriver. 43, 14, 7.

BOURSE. Rêver que l'on trouve une bourse vide annonce une déception ; si la bourse contient beaucoup d'argent, votre chance sera excellente - plus il y a d'argent, meilleure est la fortune : si elle contient de grosses pièces d'or ou de gros billets, vous deviendrez riche par mariage ou par héritage. 78.

BOUTEILLES. Rêver de bouteilles est un bon signe ; pour un homme, le succès dans les affaires ; pour une jeune fille, un mariage rapide ; si elles sont cassées, elles signifient le chagrin. 56, 34.

BOWLING. Rêver de jouer au bowling, c'est présager une disgrâce ; si la quille centrale tombe, l'un des joueurs mourra ; si plusieurs quilles tombent, tous les joueurs subiront une perte. 10, 2, 20.

BRAS. Rêver que vos bras sont flétris ou maigres, dénote l'affliction, la maladie et la pauvreté ; et si c'est une femme, elle risque d'être veuve. Si quelqu'un rêve que ses bras sont poilus, cela indique une augmentation des richesses. 7.

BRUIT. Si vous rêvez que vous entendez des bruits étranges ou mystérieux, c'est le signe que l'esprit d'un parent mort plane près de vous et a une influence sur vos actions. 20.

BRÛLER. (*Voir Feu.*) Voir en rêve une ou plusieurs maisons en feu, mais non entièrement détruites, signifie, pour les pauvres, qu'ils deviendront riches, et pour l'homme riche, que ses richesses seront accrues ; mais si le feu est furieux et que les maisons s'écroulent, le rêveur peut s'attendre à des pertes, à des déceptions, à la honte et à la mort. Rêver que vous vous brûlez est un signe que la malice d'un ennemi stupide sera déjouée. Jouez d'abord sur votre âge.

BÛCHES. Rêver que l'on voit de grosses bûches autour de soi, c'est le signe que l'on va bientôt emménager dans une nouvelle maison ; mais si l'on s'imagine que l'on fend les bûches, cela gâche tout, car cela montre que l'on désire ardemment une maison sans pouvoir en avoir une à l'esprit. 21, 78.

CABANE. Rêver que l'on habite une petite cabane est un signe que l'on aura bientôt une maison à soi. Si dans votre rêve, vous visitez une petite cabane habitée, cela indique que vous serez invité à participer aux hospitalités d'une famille. 29, 70.

CABRIOLET. Rêver que vous montez seul dans un cabriolet, indique un retard, et que quelque chose que vous attendiez va être reporté : si vous imaginez que vous montez dans un cabriolet avec votre bien-aimé, cela prédit que le jour de votre mariage sera reporté, ou qu'il sera très éloigné. 46, 1.

CACAHUÈTES. Rêver d'une abondance d'arachides, ou de cacahuètes, indique que vous serez pauvre, mais satisfait, en bonne santé et heureux. Si une femme mariée de la famille en rêve, c'est le signe qu'elle aura un garçon. 11.

CACHER, ou CACHÉ. Rêver de cacher quelque chose en le cachant ou en le mettant dans un endroit isolé est un signe que quelqu'un révélera un secret que vous avez confié. Il est de mauvais augure pour les amoureux de rêver qu'ils cachent des choses, car cela prédit qu'on parlera de leur intimité comme étant suspecte. 45, 78.

CADAVRE. (*Voir Linceul.*) Rêver que l'on voit un cadavre est un signe de longue vie. 39, 11.

Les rêves de rivières, de bateaux et de chevaux,
de neige et de gel, et de cadavres,
sont des signes qui indiquent que
l'amour de votre bien-aimé est froid ou mort.

CADEAU. (*Voir Présent.*) Rêver qu'un ami vous offre un cadeau de valeur, prédit que vous perdrez quelque chose. Si une fille rêve que son amant lui offre un cadeau, c'est un signe qu'elle lui accordera le privilège du mari avant le mariage. 64, 21.

CADEAU DU NOUVEL AN. Rêver que vous offrez un cadeau de Nouvel An, signifie que vous recevrez de bonnes nouvelles. En recevoir un, c'est le signe que vous aurez bientôt des ennuis. 64, 19.

CAFÉ. Rêver de café signifie perte de réputation. Pour une jeune fille, faire un tel rêve, prédit la perte de sa vertu. 39, 17.

CAGE. Rêver que l'on laisse sortir des oiseaux d'une cage, c'est le signe que l'on va perdre quelque chose. Si une jeune fille rêve de cela, cela prédit la perte de sa chasteté. 36, 5.

CAILLE. Rêver de ces oiseaux est de bon augure : si vous imaginez que vous voyez de jeunes cailles en train de se nourrir, c'est un signe d'économie, en particulier pour les fermiers : réussir à les tirer à la bonne saison, c'est aussi un présage de chance et de succès dans toute entreprise. 76, 14.

CALIFORNIE. Si vous rêvez d'y aller, il vous prédit un malheur ; mais si, dans votre rêve, vous imaginez que vous êtes en Californie, et que c'est un pays agréable, il vous prédit que vous recevrez un cadeau de valeur, ou un héritage, ou encore que vous tirerez un prix à la loterie. 71, 10, 6.

CANARDS. Entendre des canards caqueter, ou voir ces volatiles en rêve, indique que quelqu'un qui a faim vient vous voir, ou que vous aurez bientôt dans votre famille un visiteur qui s'arrêtera pour dîner. 73, 1.

CANCER (*voir Abcès*).

CANE. Rêver d'une canne est considéré comme un rêve de mauvais augure, et certains auteurs interdisent au rêveur d'entreprendre quoi que ce soit ce jour-là. 24, 2.

CANIF. Rêver d'un canif est de mauvais augure et annonce des pertes dans le commerce, des attaques de voleurs et des infidélités en amour. 29, 47.

CANON. Se méfier des amis perfides. Rêver que l'on entend un canon est un signe de maladie ou de mort. 57.

CAROTTES. Rêver de carottes, ou de panais, signifie profit et force pour ceux qui sont en procès pour un héritage. 10, 35.

CARTE. Rêver que l'on regarde une carte, c'est le signe d'une agréable surprise par l'arrivée d'un ami cher venu de loin. Si une fille rêve cela lorsque son amant est absent, cela signifie qu'il reviendra de façon inattendue. 24, 17.

CARTES. Jouer aux cartes, aux dés ou à tout autre jeu dans un rêve, indique que la personne aura de la chance dans ses affaires amoureuses, car les tables et les cartes font allusion à l'amour. 76, 17.

CAVE A VIN. Rêver de cave est de bon augure, cela présage des succès en affaires et en amour. 48, 1.

CÉLIBAT. Si une femme mariée rêve qu'elle est célibataire et qu'elle est l'objet des attentions d'un galant, cela annonce que son mari a été captivé par un nouvel amour et qu'il ne respectera probablement pas ses vœux : le présage est semblable à celui d'un homme marié qui rêve qu'il est soit célibataire, soit veuf. 69, 72.

CELLULE. Rêver que l'on se trouve dans une cellule est un signe de maladie et de procès malheureux. 75, 2.

CENDRES. Un grand malheur est à portée de main ; pour un amoureux ou une amoureuse, un tel rêve présage qu'il ou elle sera jaloux ou jalouse de voir quelqu'un en compagnie de son intention. 70.

CERCUEIL. Rêver d'un tel objet indique la mort d'un ami ou d'un proche. 74, 6.

CERF-VOLANT. Rêver de faire voler un cerf-volant est un signe que vous écrirez bientôt une lettre à un ami ou à une connaissance. Pour une fille, rêver de voir un cerf-volant dans les airs, prédit qu'elle recevra une lettre d'un jeune homme - qu'il s'agisse d'un amoureux ou non, c'est incertain. 53, 62.

CERISES. Rêver de cerises mûres, c'est annoncer une bonne nouvelle, ou que quelqu'un vous fera une faveur. Après un tel rêve, vous pouvez facilement emprunter de l'argent si vous le souhaitez. Si les cerises sont vertes ou mélangées, vos nouvelles seront un mélange de bonnes et de mauvaises. 14, 54.

CHAGRIN. Rêver de chagrin est le signe d'un temps joyeux, car de tels rêves suivent la règle du contraire. Ainsi, si vous rêvez que vous avez beaucoup de chagrin à cause de la mort d'un ami ou d'un parent, vous pouvez calculer qu'un mariage heureux va bientôt avoir lieu, auquel vous serez présent. 24, 62.

CHAÎNE EN OR. Si vous rêvez de chaînes en or, c'est un signe de mariage ; si une jeune fille rêve qu'on lui en offre une, c'est un signe certain d'un mariage rapide. Un tel rêve pour un homme d'affaires prédit qu'il sera empêché de faire quelque chose qu'il désire particulièrement. 15, 11.

CHAIRE. Si quelqu'un rêve qu'il entre dans une chaire, c'est un signe qu'il ou elle visitera un lieu de discrédit, car de tels rêves agissent de manière opposée : pour une fille, rêver qu'elle aide à orner ou à habiller une chaire, prédit qu'elle fera un acte qu'elle regrettera par la suite, à cause d'une personne indigne qui y est connectée. 62.

CHAISE. Rêver que l'on est assis sur une chaise, c'est le signe que la famille va bientôt s'agrandir ; si une jeune fille fait ce rêve, c'est le signe qu'elle va bientôt se marier. Rêver que l'on est assis sur une chaise à bascule, indique que l'on va très bientôt améliorer sa condition. 25.

CHÂLE. Si une jeune fille rêve qu'elle a un nouveau châle, cela signifie qu'elle aura bientôt un nouveau beau qui sera très attentif et affable. 3, 19.

CHALEUR. Si vous rêvez que vous êtes dans un endroit extrêmement chaud, ou si le temps est si chaud que la chaleur vous affecte, cela montre que quelqu'un se prépare soit à vous attaquer, soit à vous donner une bonne réprimande. 71, 6.

CHAMP. (*Voir Pré.*) Rêver que vous êtes dans un champ labouré, présage quelques disputes sévères qui vous seront apportées par une personne qui n'a pas d'enfants ; rêver que vous êtes dans un pré couvert de fleurs, c'est une très belle femme, qui vous donnera de beaux enfants et vous rendra très heureux ; pour une femme, cela dénote qu'elle épousera un beau jeune homme, avec qui elle aura de beaux enfants, qu'ils deviendront riches, et vivront jusqu'à une bonne vieillesse. 16, 72, 6.

CHAMPIGNON. Rêver que vous mangez des champignons est un signe que vous vivrez jusqu'à un âge avancé, mais rêver que vous les voyez pousser ou que vous les ramassez est un signe que vous deviendrez riche par une spéculation splendide, et que vous deviendrez pauvre aussi soudainement que vous vous êtes enrichi. 49, 59.

CHANCE. Imaginer en rêve que l'on a eu beaucoup de chance, dans quelque entreprise que ce soit, prédit un malheur : si un homme s'est disputé avec sa bien-aimée, et qu'il rêve que tout est arrangé, il peut être sûr que la querelle durera beaucoup plus longtemps qu'il ne le voudrait : pour une jeune femme, le signe est le même par rapport à son soupirant. 18.

CHANDELLES. (*Voir Bougies.*) Rêver qu'on éteint une bougie, c'est le signe d'une mort dans la famille : si vous imaginez que vous l'éteignez trop court, sans l'éteindre, cela prédit que vous ferez quelque chose qui fera verser des larmes à une amie. 40.

CHANTER. Rêver que l'on chante une musique solennelle dans un chœur, c'est le signe de la mort d'une jeune fille qui est votre amie ou votre parente estimée : pour les amoureux, un tel rêve annonce la perte de leurs amours : si vous imaginez que vous chantez tout seul un air entraînant, c'est un signe de chagrin, bien qu'il puisse ne pas être lié à une mort quelconque. 34, 18.

CHAPEAU. Si un homme rêve qu'il a un nouveau chapeau, c'est un signe de chance et d'avancement ; s'il rêve d'un vieux chapeau ou d'un chapeau râpé, c'est un signe qu'il tombera bientôt amoureux ; et s'il rêve qu'il porte un tel chapeau, le présage n'est pas très favorable, car il s'efforcera probablement de prendre des libertés inappropriées avec sa bien-aimée et d'obtenir gain de cause. 21, 6.

CHARBON. Rêver que l'on voit du charbon éteint signifie que l'on s'est bien débrouillé dans les affaires ; mais rêver que l'on voit du charbon en feu, c'est une menace de honte et d'opprobre. 12.

CHARITÉ. Si un riche rêve qu'il est charitable, cela signifie qu'il perd sa fortune ; si une dame rêve cela, elle accordera son affection à une personne indigne. 17, 42, 5.

CHARRETTE. Rêver qu'on est attaché à une charrette pour la tirer comme un cheval, dénote la servitude et la douleur ; mais rêver qu'on est porté dans une charrette, c'est le contraire. 6, 5, 17.

CHASSE. Rêver d'aller à la chasse amène une accusation de malhonnêteté : si vous revenez de la chasse, la bonne fortune vous attend. 8, 10.

CHÂTAIGNES. Rêver que l'on mange des châtaignes crues indique que l'on aura de la chance en amour. Les châtaignes bouillies signifient que vous aurez de la chance en affaires. Rêver que vous vous piquez la main avec une barde de châtaigne, est un signe que votre confiance sera abusée par un prétendu ami. 7, 18.

CHATS. Voir des chats, c'est une inimitié cachée ; être mordu par eux, c'est un malheur ; être griffé, des soucis et des ennuis ; les caresser, de faux amis ; en tuer un, c'est triompher de ses ennemis ; rêver de chats, c'est aussi un signe de perte par des voleurs. 54, 42, 16.

CHAUSSURE. Si vous rêvez que l'une de vos chaussures est trouée, cela annonce que votre amoureux vous offensera en favorisant un prétendu rival : si une fille rêve cela, son amant sera jaloux d'elle : pour un jeune homme, rêver qu'il a perdu un cordon de chaussure est un signe qu'il sera embrassé par une dame avec laquelle il n'avait aucune connaissance préalable. 33.

CHAUVE-SOURIS. Rêver d'une chauve-souris, ou de chauves-souris, est un signe que vous ferez un voyage sans succès, ou un voyage qui n'est pas satisfaisant. 42.

CHEMINÉE. Rêver de s'asseoir au coin de la cheminée, auprès d'une jeune fille, indique un mariage rapide ; s'il y a un feu qui brûle vivement, vous deviendrez héritier d'une certaine somme d'argent. 61.

CHEMINS. Rêver que l'on marche sur un bon et large sentier indique la santé et le succès ; en amour, cela indique que l'on rencontrera un amour qui nous rendra heureux, mais si le sentier est tortueux, cela annonce des ennuis pour le rêveur. 44.

CHEMISE. Rêver que sa chemise est en loques et sans boutons, c'est un signe de pauvreté : si l'on imagine que l'on a une chemise neuve, avec une poitrine élégante, cela présage quelque aventure désagréable dans laquelle l'amour-propre sera vivement blessé, comme d'être placé dans une position ridicule devant les dames, ou devant la compagnie en public. 44, 18.

CHÊNE. Rêver que l'on voit un très grand chêne et que l'on ramasse des glands sous cet arbre, c'est le signe qu'un parent riche vous laissera une fortune par testament. Si quelqu'un rêve cela alors qu'il n'a pas de parents riches, il se peut que quelqu'un d'autre prenne la liberté de faire un testament en sa faveur ; sinon, un coup de chance viendra d'une autre manière pour arranger les choses. 65.

CHENILLES. Rêver que l'on voit des chenilles, dénote un malheur causé par des ennemis secrets. 71, 77.

CHEVEUX. Si vous rêvez que vos cheveux sont épais et touffus, cela indique que vous deviendrez riche ou puissant ; si vous rêvez qu'ils sont frisés et crépus, alors qu'en réalité ils ne le sont pas, c'est un signe que vous ferez quelque chose dont vous aurez honte par la suite ; si, dans votre rêve, vous imaginez que vos cheveux sont tombés, ou qu'ils sont devenus extrêmement minces, c'est un mauvais présage, car cela annonce la maladie, et peut-être la mort. 42.

CHEVAL. Si vous rêvez que vous montez bien et facilement sur le dos de ce noble animal, votre fortune est sûre d'avancer dans le monde : mais si vous imaginez que vous êtes jeté d'un cheval, c'est un signe de disgrâce. Rêver d'échanger des chevaux montre que quelqu'un vous trompe dans une affaire ; de vendre un cheval, c'est un signe de perte ; mais d'en acheter un, prédit que vous gagnerez de l'argent par quelque spéculation, ou bien en vendant une propriété. Les chevaux sont d'excellents animaux pour rêver. 2, 11, 22.

CHEVAL, MONTER AVEC. Si vous rêvez que vous êtes à cheval avec une femme, c'est malheureux ; dans le commerce, c'est le déclin des affaires ; en amour, ce sont les déceptions ; mais si c'est avec un homme, alors, par prudence, c'est l'inverse qui se produira. Monter dans une voiture ou sur une scène de théâtre annonce le succès dans les affaires. 6, 12, 72.

CHÈVRE. Si l'on rêve que l'on voit des chèvres sur une hauteur, dans une montagne, cela indique que des richesses ou des honneurs vous attendent : si les chèvres sont simplement sur la route, ou dans un bâtiment, cela prédit de la chance. 64, 34.

CHIENS. Rêver de ces animaux a des significations très différentes ; s'ils vous caressent, c'est un heureux présage ; si vous êtes amoureux, cela présage le mariage et le bonheur ; mais s'ils aboient et grognent, cela indique que des ennemis s'efforcent de détruire votre réputation et votre bonheur ; si amoureux, déception. 17, 61.

CHIENS QUI ABOIENT. C'est le signe que vous avez des ennemis qui vous détournent de votre but et vous insultent. 17, 61.

CHIEN FOU. Rêver de voir un tel animal écumer la bouche et courir, est un signe que vous serez accusé à tort d'une action ou d'un crime déshonorant. 4, 12, 61.

CHIFFRES. Tout nombre supérieur à *un* et inférieur à *soixante-dix-huit* est réputé présager une bonne fortune pour le rêveur, mais *quarante-neuf* est le plus chanceux. Tous les nombres supérieurs à *soixante-dix-huit* sont incertains, à l'exception de *trois cent quarante-trois, qui est* un nombre très chanceux. 49, 10, 13.

CHOCOLAT. Rêver de chocolat signifie que l'on a des problèmes à cause des commérages. 47, 15.

CHOUETTE. Rêver de voir un de ces oiseaux de nuit en position de perchoir, est un signe que vous découvrirez un secret important qui vous concerne : voir un hibou voler annonce qu'un de vos secrets sera divulgué. 3.

CHOUX. Rêver de choux signifie que l'on reçoit de très mauvaises nouvelles de l'étranger. 16.

CHUTE. Rêver que l'on tombe d'une éminence indique que l'on se verra conférer une certaine dignité ou que l'on se mariera au-dessus de sa sphère. Si une jeune fille rêve cela, c'est un signe qu'elle épousera un mari riche. 65, 70.

CIEL. Un ciel clair indique un mariage rapide et heureux ; un ciel rouge, une augmentation de la richesse ; si vous montez au ciel, vous pouvez espérer beaucoup d'honneur ; un ciel nuageux indique le malheur. 2, 11, 24.

CIGARE. (*Voir Tabac.*) Rêver que vous fumez un cigare est un signe que vous aurez des malheurs et des ennuis dans vos affaires : si vous imaginez que le feu de votre cigare s'éteint, c'est un signe que vous rencontrerez des pertes : en amour, ce rêve est un mauvais présage. 49, 7, 9.

CIMETIÈRE. Rêver d'un cimetière est un signe que vous aurez une vie longue et heureuse. 76.

CINÉMA. Si un jeune homme rêve qu'il emmène sa bien-aimée au cinéma, c'est le signe qu'elle favorisera un nouveau soupirant ; s'il rêve qu'il va au cinéma seul et qu'il voit sa bien-aimée parmi les spectateurs, c'est qu'elle a déjà vu et parlé à un monsieur qu'elle préfère à lui ; si une dame rêve cela de son soupirant, le présage est le même. 2, 4, 8.

CISEAUX. Rêver d'une paire de ciseaux est un signe de mariage ; si une jeune fille en rêve, elle sera certainement mariée dans l'année. Pour une femme mariée, un tel rêve est un mauvais présage, car il indique qu'un séducteur gai la flattera et réussira probablement à l'éloigner du chemin de la vertu. Voici une ancienne prédiction en rimes : 47.

> *Rêver de ciseaux - une paire complète,*
> *Il dit à une jeune fille qu'elle va bientôt se marier ;*
> *Mais à l'épouse, il déclare*
> *Sa chasteté ne sera plus jamais une fausse couche !*

CLÉ. Si vous rêvez de trouver une clé ou un trousseau de clés, c'est le signe que quelqu'un vous confiera un secret ; rêver de perdre une clé ou des clés est de mauvais augure, car cela prédit que vous serez couvert de honte. Un tel rêve est particulièrement malheureux pour une jeune femme. 41, 8.

CLOCHER. (*Voir Tour.*) Rêver que l'on monte au sommet d'un clocher et que l'on regarde au loin est un signe que l'on augmentera ses biens ou ses effets : si une fille rêve cela, cela prédit qu'elle se mariera au-dessus de sa position actuelle. 6.

CLOCHES. Rêver que l'on entend des cloches sonner joyeusement est le signe d'un mariage ou d'une bonne nouvelle à venir. Si la cloche sonne solennellement, cela annonce des funérailles ou de mauvaises nouvelles. Pour une jeune fille, le son d'une cloche prédit que quelqu'un va la tromper. 16.

COEUR. Rêver d'un cœur est un mauvais présage. Si vous perdez votre coeur, cela signifie la maladie et la mort. Pour les personnes mariées, cela signifie l'infidélité aux vœux du mariage. Rêver que l'on voit un cœur humain montre que l'on est sincèrement aimé ; mais rêver que l'on a une douleur ou une palpitation dans le cœur montre que l'on est condamné à souffrir d'une trahison. 46, 11.

COFFRE. Rêver d'un coffre plein, indique la nécessité de faire des économies ; un coffre vide, signifie que l'on peut s'attendre à recevoir de l'argent. 39, 62, 1.

COFFRE-FORT. Si vous rêvez d'un coffre-fort, une succession inattendue vous tombera dessus. 21, 18.

COINGS. Rêver de coings est d'excellent augure : si vous imaginez que vous cueillez des coings sur des arbres pleins de beaux coings jaunes, cela prédit que vous obtiendrez autant d'or jaune, ce qui représentera une fortune. 49, 6.

COLÈRE. (*Voir Rage.*) Rêver que vous avez été provoqué à la colère, montre que vous avez des ennemis puissants ; et vous avertit de faire attention à ce que tout ce que vous faites soit strictement honorable ; mais cela signifie aussi que vous entendrez de bonnes nouvelles, et que vous serez de bonne humeur. 44, 16.

COLLIER. Si une jeune fille rêve qu'un homme lui offre un collier, c'est le signe que quelqu'un médite une tentative de séduction : si une femme mariée rêve que son mari lui offre un collier, cela montre qu'elle sera bientôt dans le chemin de la famille. 69, 12, 21.

COLLINE. Rêver que l'on monte une colline est un signe que l'on s'élèvera dans le monde, et que l'on descend une colline est le contraire ; si, dans votre rêve, vous semblez vous approcher d'une colline haute et lisse, cela indique que vous aurez bientôt une bonne fortune ; mais si la colline est accidentée et pierreuse, cela prédit des difficultés en rapport avec la bonne fortune. 1, 46, 18.

Rêver de montagnes, de collines ou de rochers,
Signifie : se moque, se moque et se moque de tout ;
La peine qu'ils ont eue à passer outre en témoigne,
Celle que tu aimes ne t'aime pas.

COLOMBES. Rêver que l'on voit ces emblèmes de l'amour, dénote une bonne fortune pour le rêveur. 36.

COLPORTEUR. Si vous rêvez que vous achetez des choses à un colporteur, c'est le signe que quelqu'un vous escroquera, ou que l'un de vos débiteurs disparaîtra mystérieusement, ce qui revient à peu près au même : si une femme de ménage rêve cela, qu'elle veille à ce que ses serviteurs ne la volent pas ou ne l'escroquent pas d'une manière ou d'une autre. 42, 13.

COIFFEUR. Rêver d'un coiffeur indique des pertes. 55.

COMÉDIE. Rêver que l'on voit une comédie ou une farce est de bon augure. Pour l'homme d'affaires, c'est un gage de réussite, et pour la jeune fille, un mariage rapide avec celui qu'elle aime. 22.

COMMANDE. Rêver que l'on commande à quelqu'un indique des problèmes ; rêver que l'on voit quelqu'un commander signifie colère et autorité. 14, 62, 7.

CONCERT. Rêver d'assister à un concert, c'est prédire la jouissance d'une bonne santé ; pour les malades, la guérison. 12, 22. COMPTES. Les rêves qui se rapportent à l'établissement des comptes sont de bon augure. Si vous rêvez que vous avez trouvé une erreur dans votre compte d'argent, cela annonce que vous aurez de la chance. Les comptes tachés d'encre sont un signe de maladie. 14.

CONCOMBRES. Rêver de ces légumes signifie que vos affaires ne seront pas très prospères ; pour une personne malade, rêver de ces légumes annonce une guérison rapide. 16, 8.

CONSERVES. Rêver que l'on en fait ou que l'on en mange, prédit l'acquisition de beaucoup d'argent et de biens, ainsi que la santé et le bonheur. 3, 33, 9.

COQ. Rêver que l'on voit un coq dans la maison est un bon signe pour ceux qui veulent se marier ; entendre un coq chanter dénote une grande prospérité. Si une jeune fille rêve qu'elle entend un coq chanter, cela annonce qu'elle aura bientôt un nouvel amant ; si un amant rêve cela, c'est le signe qu'il a un rival redoutable : si un homme ou une femme marié(e) rêve de coqs, cela montre qu'un étranger est épris de sa femme. 10, 19.

COQUILLE. (*Voir Huîtres et Palourdes.*) Rêver que vous trouvez une coquille vide est un signe que vous rencontrerez des pertes dans vos affaires, mais si, dans votre rêve, vous imaginez que la coquille est pleine, cela prédit que vous réussirez dans toutes vos entreprises. Si vous rêvez que vous ouvrez un coquillage quelconque pour que d'autres le mangent, cela signifie que vous aurez beaucoup d'argent. 19, 53.

CORBEAU. Un corbeau indique une expédition dans les affaires, un adultère ou un voleur ; s'il croasse, un mauvais présage ; s'il vole sur la tête d'un enfant, l'enfant sera en grand danger d'un malheur. 74, 6.

CORNES. Voir des cornes sur la tête d'une autre personne, c'est pour le rêveur un danger pour sa propre richesse et son importance. Rêver que l'on est encorné par un animal à cornes signifie que l'on est malheureux. Pour les amoureux, cela prédit généralement qu'ils auront des difficultés à satisfaire leurs désirs ; s'ils pensent à se marier, un obstacle sera placé sur le chemin de leur union, sans peut-être l'empêcher en fin de compte. 9, 18, 36.

CORNEMUSE. Rêver de cornemuse signifie trouble, dispute et perte d'un procès. 20, 1.

CORNICHONS. Si une fille rêve qu'elle mange des cornichons, c'est le signe qu'un vieux célibataire l'embrassera : si un jeune homme rêve de cornichons, il sera aimé d'une servante plus âgée que lui, et probablement d'un tempérament aigre et crapuleux. 39, 2.

CORS. Si un homme rêve que sa chair est pleine de cors, cela montre qu'il s'enrichira proportionnellement à ses cors. 70, 12.

COU. Si une femme ou une jeune fille rêve que son cou est large et épais, c'est un signe certain qu'elle aura beaucoup d'enfants ; s'il semble plus petit que d'habitude, cela dénote pour une femme mariée une fausse couche, et pour une jeune fille la perte de son soupirant ; si une femme rêve que son cou est clair et beau, cela prédit qu'un gentleman lui fera l'amour. 22.

COURONNE. Rêver qu'une couronne d'or est placée sur votre tête, prédit que le succès et de grands honneurs vous attendent ; si la couronne est d'argent, vous jouirez d'une bonne santé ; si elle est couronnée de feuilles vertes, les amis et la fortune vous abandonneront. 52, 6, 13.

COURIR. Si vous rêvez que vous courez vite, c'est un signe de succès dans vos entreprises ; mais si vous trébuchez ou tombez, cela dénote des accidents ou des malheurs : si vous imaginez que vous voyez des gens courir, alors que vous êtes immobile, cela prédit une déception. 7.

COURSE. Rêver qu'on vous envoie faire une course signifie une grande perte pour les personnes mariées ; pour l'amant, cela indique un succès dans ses activités, et qu'il épousera bientôt une jeune fille très aimable et accomplie. 39.

COURSE À PIED. Rêver que l'on fait une course à pied et qu'on la gagne est un signe de succès dans toute entreprise - la perdre, c'est prédire une déception. Si vous rêvez d'aller à une course de chevaux, cela prédit la pauvreté et l'insouciance. 46, 7.

COURSE EN TRAINEAU. Rêver d'une promenade en traîneau, lorsque la conduite est bonne et que le traîneau glisse librement et sans bruit, est un excellent présage, car cela annonce le succès et la bonne fortune en général, en particulier pour les fermiers : mais si vous imaginez que la conduite est mauvaise, et que les patins crissent sur le sol, cela annonce des ennuis et du malheur. Les jeunes gens qui rêvent qu'ils font du traîneau avec des filles, qu'ils s'arrêtent dans des tavernes, qu'ils boivent, que les filles s'enivrent et qu'ils font ensuite des farces innommables, sont ainsi avertis qu'ils seront pauvres et sans ressources, car de tels rêves sont des présages certains de misère et de disgrâce. 67, 46.

COUTEAUX. Rêver de couteaux est de mauvais augure ; cela signifie procès, pauvreté, disgrâce et querelles. En amour, cela indique des querelles et de mauvais tempéraments. 33, 9.

COUVÉE. Rêver d'une couvée des volailles de toute espèce est un signe d'économie ; si vous imaginez, dans votre rêve, qu'une poule s'en va avec une très nombreuse couvée de poussins, cela annonce autant d'argent à gagner pour vous dans quelque affaire. 24, 68.

CRABES. Signifie que vous allez vous disputer avec un ami. Pour les personnes mariées, ce rêve est un signe de séparation. 49, 19.

CRAPAUD. Rêver de voir un crapaud est un signe d'orage : si, dans votre rêve, vous voyez une multitude de petits crapauds, cela présage de bonnes récoltes pour les fermiers, et une excellente chance pour tout le monde : si une femme nouvellement mariée rêve cela, cela présage qu'elle aura autant d'enfants intelligents qu'elle voit de crapauds - trois ou quatre à la fois, peut-être - et si elle n'en a pas, son mari les engendrera ailleurs. 3.

CRÉANCIER. Si vous êtes troublé dans vos rêves en imaginant que des gens vous réclament de l'argent, c'est un signe certain que vous en recevrez à l'improviste. 41.

CRÊPE. Si une femme mariée fait un tel rêve, elle peut être sûre qu'un homme, autre que son mari, l'admire. Rêver de manger des crêpes, c'est un présage d'amour pour l'un ou l'autre sexe, et si vous les savourez, vous aurez du succès dans votre amour. 36.

CREUSER. Rêver de creuser dans un sol propre et sain est un signe d'économie et de bonne chance en général : si le sol est sale ou humide, cela indique des problèmes : si vous creusez pour trouver de l'or, et que vous en trouvez de gros morceaux, cela indique que vous aurez de la chance, mais si le produit est maigre, ou si vous n'en trouvez pas, cela prédit une déception. Si vous perdez l'un de vos outils, c'est le signe d'une querelle. 14, 71.

CRIMINEL. Rêver que l'on est un criminel montre que l'on est en danger et que l'on risque l'opprobre. 9, 61.

CROCODILE. (*Voir Reptile.*) Rêver d'un crocodile, signifie pirates ou voleurs par mer, ou personnes trompeuses, et ennuis. 18, 2.

CROISSANCE. Si vous rêvez qu'un arbre ou un arbuste pousse rapidement, c'est le signe que vous ferez quelque chose de précipité que vous regretterez par la suite ; si c'est votre fils, ou votre fille, ou tout autre jeune parent proche que vous imaginez grandir très rapidement, cela prédit un accident pour eux. 1, 19.

CROIX. Rêver que l'on voit une croix signifie que l'on est triste. 68.

CRUCHE. Rêver que l'on boit de l'eau ou du lait dans une cruche est de bon augure et signifie que l'on sera prospère en amour et en affaires. Rêver que l'on renverse quelque chose d'une cruche prédit des pertes dues à la trahison de prétendus amis, et rêver que l'on brise une cruche présage une maladie ou un accident lors d'un voyage. Rêver que l'on brise un pichet est aussi un signe de faillite due à l'imprudence. 49, 20.

CUISINIER. Rêver que l'on voit un cuisinier dans la maison, c'est bon pour ceux qui veulent se marier, et pour les pauvres ; mais c'est aussi la révélation de secrets ; rêver de cuisine, c'est aussi un signe de mariage. 6, 34.

CUISSON. (*Voir Four.*) Une femme qui rêve qu'elle cuit du pain prédit l'économie. Si elle est la femme d'un fermier, c'est un signe de bonnes récoltes. Si elle brûle son pain, c'est le signe qu'elle fera une fausse couche. 18, 54.

CUIVRE. (*Voir Métaux*).

CULOTTE. Si une fille rêve qu'elle a un sous-vêtement en lambeaux, cela prédit qu'un riche écervelé essaiera de la séduire et, s'il échoue, lui proposera le mariage ; si elle rêve qu'elle a une bonne réserve de beaux sous-vêtements travaillés, c'est un signe qu'elle soupirera en vain pour un amant ; si elle imagine qu'un gentleman lui donne une nouvelle culotte, elle risque de perdre sa chasteté. 12.

CYGNE. Rêver d'un cygne blanc signifie la richesse ; d'un cygne noir, le chagrin domestique. Son chant indique la mort. 9, 18.

DAHLIA. Rêver de ces fleurs est un signe d'économie. Si une dame en rêve, cela présage que son mari gagnera rapidement de l'argent. Pour une jeune fille, cela prédit la même chose pour son amant. 19, 20, 12.

DAIM. Si vous voyez ces animaux dans votre rêve, cela signifie que vous allez apprendre des nouvelles inattendues - quoi qu'il arrive - peut-être un mariage, un décès, un accident, ou un héritage qui vous a été laissé ; ou que quelqu'un est amoureux de vous. 12.

DAMES. En voir une, c'est un signe de faiblesse ; beaucoup de femmes apportent calomnie et médisance. Voir une femme aux cheveux clairs, c'est un événement heureux pour le rêveur ; une brune, la maladie ; une femme enceinte, de bonnes nouvelles ; une femme nue, la mort d'un parent. Entendre une dame parler, sans la voir, annonce un départ. 47, 51, 11.

DANGER. Rêver d'être en danger, indique le succès dans la vie ; le fuir, le malheur. (*Voir Difficulté.*) 27, 17.

DANSE. (*Voir Bal.*) Rêver que l'on danse à un bal ou à un spectacle, c'est prédire que l'on recevra bientôt de joyeuses nouvelles ; c'est aussi prédire le succès et le bonheur en amour. Voir d'autres personnes danser à cet endroit signifie plaisir et héritage. 55, 27.

DATTES. Les dattes dénotent de nombreux ennemis, et vous recevrez beaucoup de blessures de la part d'une personne à laquelle vous ne vous attendez pas. 6, 44.

DAUPHINS. Rêver de voir ces beaux poissons jouer dans l'eau, dénote la mort d'un ami ou d'un parent cher. 5, 4.

DÉBORDEMENT. (*Voir Inondation.*) Rêver qu'une rivière ou un ruisseau déborde et entoure votre maison d'eau, est un signe de richesse ; c'est-à-dire que vous acquerrez des richesses en proportion de la quantité d'eau qui vous entoure et du terrain qu'elle couvre ; si vous imaginez que quelqu'un est noyé dans l'eau, cela présage un malheur en rapport avec vos richesses. 9, 66, 18.

DÉCAPITATION. Rêver que l'on voit une personne qui va être décapitée, ou si l'on voit une personne décapitée, c'est un excellent signe ; en amour, vous aurez du succès ; en prison, vous serez libéré ; et tous les ennuis que vous avez disparaîtront bientôt ; c'est aussi un signe que vous rencontrerez bientôt un ami absent depuis longtemps, qui sera heureux de vous voir. 74, 19, 10.

DÉCHETS. Rêver de gaspillage est un signe de mendicité, à condition que vous soyez la cause du gaspillage ; mais si vous vous sentez mal et essayez de l'empêcher, le présage est celui de pertes, qui peuvent ne pas se terminer par la mendicité. 29, 17.

DÉGEL. Rêver de dégel et de marche dans la neige éclaboussée présage des ennuis et des pertes : si un jeune homme rêve qu'il marche dans la neige éclaboussée pour aller faire sa cour, c'est un signe qu'il se disputera avec sa bien-aimée. 34, 18.

DÉMANGEAISONS. Rêver que vous avez des démangeaisons, ou que votre corps vous démange, indique que vous recevrez bientôt de l'argent. 40, 9.

DÉMÉNAGEMENT. Rêver que l'on déménage sa résidence ou son commerce, quelles que soient les circonstances, est un signe de pauvreté : si, dans votre rêve, vous voyez d'autres personnes déménager, cela annonce que l'un de vos proches va tomber dans la pauvreté, et que vous devrez l'aider. 55.

DÉMISSION. Si quelqu'un qui occupe une charge ou un emploi quelconque rêve de donner sa démission, c'est un signe d'avancement ; pour celui qui ne peut être avancé, c'est un signe qu'il s'élèvera au-dessus de la position qu'il occupe dans la société. 41, 17.

DENTS. Si l'on rêve que l'on perd ses dents, cela indique la perte d'amis, d'ennuis et de malheurs ; pour l'amoureux, cela indique la perte de l'affection de sa bien-aimée : si l'on rêve que l'on coupe une nouvelle dent, cela indique la naissance d'un enfant qui fera de l'effet dans le monde. 33, 11, 2.

DÉS. Rêver que l'on joue aux dés, au backgammon ou aux dames, dénote beaucoup de bien pour le rêveur, que ce soit en amour, en mariage ou en affaires. Pour une jeune fille fiancée, rêver de dés prédit que son amant sera sauvage et ne comptera pas beaucoup. 54.

DETTE. Rêver que l'on paie une dette avec de l'argent, annonce que l'on en recevra bientôt. Si vous imaginez que vous avez une dette et que vous vous inquiétez de trouver l'argent pour la payer, c'est un signe de maladie. 18, 64.

DEUIL. Rêver que l'on est habillé en deuil pour la mort d'un parent, est un signe qu'un mariage aura bientôt lieu dans votre famille, ou celle d'un parent de sang. Voir des gens vêtus de noir, et se trouver parmi eux, annonce une invitation à un mariage ou la présence à une cérémonie de mariage. 32, 12.

DÉVÊTIR. Voir sa femme se déshabiller, signifie le dévergondage ; se déshabiller en présence d'autres personnes, la calomnie ; se déshabiller seul dans sa chambre, la découverte de secrets. 48, 3.

DIABLE. Rêver de cet ennemi du genre humain, indique que de nombreux dangers vous menacent, mais que vous les surmonterez si vous résistez soigneusement à toutes les tentations de faire le mal ; en amour, cela présage la perte des affections ; dans le commerce, l'opposition ; rêver que vous êtes poursuivi par un mauvais esprit, est aussi un mauvais présage. 61, 18.

DIAMANTS. Rêver que vous portez un diamant, indique que vous serez trompé en amour, et que votre amant est infidèle. Pour un homme d'affaires, rêver qu'il s'occupe de diamants est une bonne chose, car il est certain qu'il deviendra riche et qu'il se retirera dans la vie privée, très respecté. 33, 3.

DIFFICULTÉ. Si vous imaginez dans votre rêve que vous êtes dans une grande difficulté, ou dans un danger personnel quelconque, c'est un signe favorable, car de tels rêves vont toujours à l'encontre. 17, 27.

DINDES. Rêver de voir un troupeau de dindes indique à un commerçant ou à un agriculteur qu'il aura une transaction qui lui rapportera une somme considérable en argent liquide : si un amoureux qui est sur le point de se marier rêve de dindes, il découvrira que sa bien-aimée a obtenu une part de mariage en argent liquide. 72, 15.

DÎNER. Si vous rêvez que vous dînez en compagnie d'un grand nombre de personnes, c'est le signe que vous allez partir en voyage ou que vous allez changer l'emplacement de votre maison ou de votre entreprise. 76, 11.

DOIGTS. Rêver que vous vous coupez les doigts, s'ils saignent, est un très bon présage ; vous aurez du succès en amour, et votre bien-aimé(e) se montrera gentil(le) et sincère. 1, 2.

DOMESTIQUES. Le rêve d'avoir un grand nombre de domestiques est une maladie. 71, 11.

DOS. Rêver que votre dos est cassé, blessé ou galeux, indique que vos ennemis auront raison de vous. Rêver de l'épine dorsale, signifie santé et beaucoup de joie. Rêver que l'on voit son dos, c'est un signe de malheur. 2, 19, 42.

DRAPEAU. Rêver que l'on voit un drapeau flotter signifie que l'on court un grand danger avec des ennemis ou que l'on est malade. Rêver que vous portez un drapeau, signifie que vous recevrez une marque de distinction de la part de vos concitoyens. Si une jeune fille rêve qu'elle fabrique un drapeau, c'est le signe qu'elle épousera un riche officier de l'armée ou de la marine ; mais si une femme mariée fait ce rêve, cela annonce la naissance d'un fils qui deviendra un grand général. 13, 35, 61.

DROIT AU BREVET. Rêver d'obtenir un brevet pour une invention personnelle montre que l'on n'en tirera jamais rien : si l'on doit en tirer de l'argent, c'est quelqu'un d'autre qui en profitera ; si l'on rêve d'obtenir un brevet pour quelqu'un d'autre, c'est un signe de chance dans une spéculation. 33, 17.

DUO. Rêver que vous chantez en duo avec une dame montre que vous pouvez la gagner si vous le désirez. Rêver que vous chantez avec un homme montre que vous avez un ennemi secret mais puissant, et c'est un signe que vous ne vous marierez jamais. Entendre un duo indique des problèmes d'affaires. 50, 51.

EAU. Rêver d'être sur l'eau est bon, si l'eau est claire ; mais si elle est boueuse ou agitée, c'est le contraire. Le fait de voir une grande étendue d'eau, sur laquelle on voudrait passer mais qu'on ne peut pas, montre qu'on est sur le point de s'embarquer dans une entreprise sans s'être assuré les moyens de réussir. (*Voir Baignade, Fontaine, Pompe, Rivière, Aviron, Soif, Lavage et Puits*). 42, 18.

ÉBRANLEMENT. Rêver qu'une maison est secouée par un tremblement de terre, une explosion ou tout ce qui peut se produire à l'extérieur, est un signe que le chef de famille de cette maison sera malade.

ÉCLAIR. Rêver d'un éclair blanc, vif et brillant, indique que l'on fera bientôt un voyage agréable ; un éclair bleuâtre, argenté et fourchu, annonce de bonnes récoltes et d'excellents succès dans les affaires ; un éclair rouge et fourchu, de même, mais accompagné de calamités, ou de la mort de parents par la violence. 24.

ÉCLIPSE. Si quelqu'un rêve qu'il voit le soleil en éclipse, cela signifie la perte de son père ; s'il voit la lune en éclipse, cela signifie la mort de sa mère ; mais s'il n'a ni père ni mère, cela signifie la mort d'un parent. 8.

ÉCHAFAUD. Rêver que l'on monte sur un échafaud, indique que l'on s'élèvera dans le monde : si, dans votre rêve, vous imaginez que vous tombez d'un échafaud, ou de tout autre endroit élevé, cela annonce un malheur qui vous appauvrira : une fille qui rêve qu'elle monte sur un échafaud, épousera positivement un homme riche, ou de distinction, qui est bien au-dessus d'elle dans sa position. 33, 7.

ÉCHAUDÉ. Rêver qu'on s'ébouillante avec de l'eau chaude est généralement un signe de blessures causées par les éléments ; cela peut annoncer des pertes causées par des inondations, des incendies, des vents ou des orages : si vous rêvez que vous vous ébouillantez la langue avec du thé chaud, c'est un signe que vous scandaliserez un voisin par une remarque malveillante. 3, 12, 36.

ÉCHECS. Jouer au jeu, indique le gain par le mensonge et la tromperie ; voir un autre jouer, la perte par la ruse. Anselmus Julianus considérait ce rêve comme une indication du succès qui accompagnerait le rêveur dans son entreprise, en fonction du succès qu'il avait imaginé dans son rêve. 8, 78.

ÉCHELLE. Rêver que l'on monte sur une échelle signifie que l'on sera une personne de quelque importance, mais pauvre : si l'on s'imagine que l'on risque de tomber, cela montre qu'une personne qui envie votre position tentera de vous faire du mal ; si l'on rêve que l'on descend sur une échelle, cela dénote particulièrement la pauvreté, bien que cela puisse faire allusion à quelque malheur qui vous atteindra. 14, 55.

ÉCLAIRCISSEMENT. Rêver qu'on vous égratigne le visage, c'est le signe que quelqu'un a dénigré votre beauté : si une jeune fille imagine en rêve qu'elle s'est égratignée avec une épingle, cela annonce qu'un scandale est en train de naître à propos de sa conduite avec son amant ou un autre gentleman. 3.

ÉCOLE. Rêver d'aller à l'école est un signe d'avancement et de bonne fortune : si vous rêvez d'étudier et que vous réussissez bien, cela présage que vous vous élèverez dans la société à un rang supérieur à celui que vous occupez actuellement ; si vous avez du mal à apprendre, vous aurez du mal à vous en sortir, mais vous finirez par vous élever. 42, 72.

ÉCRITURE. Si une jeune fille rêve qu'elle écrit une lettre d'amour, c'est le signe que son amant reviendra bientôt pour la serrer dans ses bras, si elle se laisse aller à de telles familiarités. Rêver que l'on fait une tache en écrivant est un signe de maladie. 14.

ÉCUREUIL. Rêver de ces animaux est un signe de bonne fortune ; ils indiquent des récoltes abondantes pour un fermier, et le succès pour n'importe qui : si un homme rêve qu'il est mordu par un écureuil, cela prédit qu'il perdra quelque chose par vol ; s'il attrape l'animal quand il le mord, et le met dans une cage, le présage est différent, car il aura une part de bonne chance - bien qu'un vol puisse être mêlé à cela. 21.

ÉCURIE. Rêver d'une écurie signifie hospitalité et bon divertissement. 2, 11.

ÉGLISE. Rêver que l'on est à l'église et que l'on y prie signifie joie et confort. Rêver qu'on chante à l'église, c'est un rêve de mauvaise conséquence. 13, 6.

ÉGOUT. Si vous rêvez que vous êtes couché dans un égout, ou que vous voyez un homme ainsi allongé, cela présage qu'un honneur vous attend, ou que vous vous intéressez au succès de quelqu'un. Si une jeune fille rêve d'une gouttière cassée, elle doit se garder de laisser son amant être trop familier avec sa personne, sinon un accident pourrait se produire. 27, 65.

ELEPHANT. Rêver d'un éléphant est un rêve très heureux, car il indique l'acquisition de richesses : si vous êtes amoureux, il prédit un mariage rapide avec votre bien-aimé, et beaucoup d'enfants, principalement des garçons, qui se distingueront par leur érudition. 33.

ÉLOGES. Rêver que quelqu'un vous loue ou vous flatte est un signe de scandale : si une jeune fille rêve que son amant loue sa beauté ou son amabilité, elle ferait mieux de se débarrasser de lui comme d'un faux-cœur qui ne se soucie pas d'elle, mais flatte simplement sa propre vanité. 35, 17.

EMBRASSEMENT. Rêver d'embrasser des parents est un avertissement de trahison ; si ce sont des amis, des déceptions ; si un inconnu vous embrasse, vous voyagerez ; l'étreinte d'une femme porte bonheur. 3, 11, 33.

EMBRASSER. Si une fille rêve qu'elle est embrassée par un jeune homme qui ne l'intéresse pas particulièrement, cela peut être un bon présage ou non ; car s'il s'agit d'un idiot qui s'imagine qu'elle est amoureuse de lui, c'est le signe qu'elle sera calomniée d'une manière qui la rendra malheureuse ; mais s'il n'a pas ce sentiment, le signe est exactement l'inverse, c'est-à-dire que quelqu'un parlera en bien d'elle à ceux qu'elle estime beaucoup, peut-être à son amant. Si une fille rêve qu'elle est embrassée par son amant, cela prédit qu'il lui dira quelque chose de désagréable lors de leur prochaine rencontre ; si un amant rêve que sa dulcinée l'embrasse, le signe est similaire. 1.

ÉMEUTES. Rêver d'un tumulte public ou d'une émeute est un signe de pénurie et de mauvaises récoltes pour les agriculteurs, et d'affaires ennuyeuses pour les commerçants et les mécaniciens : si un ami ou un parent est blessé dans l'émeute, vous ou eux souffrirront probablement de malheurs, mais s'ils réussissent et apaisent la foule, cela prédit que vous surmonterez vos difficultés. 2.

ENCLOS. Si un fermier rêve qu'une partie de son bétail est emmenée à l'enclos, c'est un signe qu'elle va augmenter. S'il rêve qu'il voit du bétail étrange dans un enclos, cela présage qu'il en achètera bientôt. 19, 55.

ENCRE. Rêver que l'on voit des éclaboussures d'encre sur du papier blanc, ou sur quoi que ce soit, est un signe de scandale : après un tel rêve, vous pouvez être sûr que quelqu'un parlera très fort de vous : plus les éclaboussures sont grandes, plus les histoires qui seront racontées le seront aussi. 41.

ENFANTS. (*Voir Garçon.*) Rêver d'enfants est de bon augure. Si une femme rêve qu'elle est sur le point d'avoir un enfant, cela présage un riche héritage ou une autre bonne fortune : si c'est une servante qui fait ce rêve, elle doit être sur ses gardes, ou elle perdra sa vertu. 5, 56.

ENFANT. Rêver d'un enfant jeune et sportif implique la naissance d'un enfant. Une jeune fille qui accorde à son amant une trop grande intimité avant le mariage ne devrait jamais rêver d'un enfant innocent et inoffensif. C'est un bon rêve pour les personnes mariées qui désirent des enfants. 70.

ENNEMI. Si vous rêvez que quelqu'un essaie de vous blesser, ou qu'une personne que vous savez être votre ennemi s'efforce de travailler à votre désavantage, cela présage de la bonne fortune et du succès. De tels rêves sont toujours contraires, et vous pouvez calculer un bénéfice juste en proportion de la blessure que vous rêvez que vous êtes sur le point de subir. 69, 78.

ENQUÊTE. Rêver que l'on assiste à une enquête du coroner est un mauvais signe ; on dilapidera bientôt sa fortune. 49, 16.

ENTERRÉ VIVANT. Rêver que l'on est enterré vivant indique que l'on sera riche et puissant. Pour les personnes fortunées, c'est un signe d'accroissement de leur richesse. 11, 14.

ENTRAILLES. C'est un bon rêve pour les pauvres, mais pour les riches, il présage une perte de richesses. Pour les amoureux et les fiancés, il indique qu'ils seront heureux dans leurs amours. 10, 20.

ÉPÉE. Rêver d'avoir une épée, c'est un signe de pauvreté : si vous rêvez de voir un homme brandir une de ces armes, cela annonce que vous ferez des pertes. Une jeune fille qui s'imagine que son amant porte une épée, ferait mieux d'abandonner toute idée de soie et de satin, et d'apprendre à cuisiner et à laver, car elle sera la femme d'un pauvre homme. 17.

ÉPINE. Si une jeune fille rêve qu'elle s'enfonce accidentellement une épine dans le doigt, c'est le signe qu'on lui présentera une bague, probablement une alliance : si une femme mariée rêve cela, un étranger lui fera l'amour en lui offrant d'abord une bague. Si quelqu'un rêve qu'il s'enfonce une épine dans un pied ou une jambe, cela présage une intimité inappropriée avec le sexe opposé qui ne se terminera pas par une disgrâce, mais par un mariage : les personnes mariées qui rêvent de cela feront la même chose et ne seront pas découvertes. 39.

ÉPINGLES. Rêver d'épingles signifie que vous aurez de petits ennuis tout au long de votre vie, mais pas de grands désastres ; rêver que vous trouvez une épingle est un signe de succès dans les affaires ; si une fille rêve qu'elle est piquée avec une épingle, elle doit faire très attention à son amant ou elle pourrait avoir des ennuis. 3, 71.

ERREUR. Si quelqu'un rêve qu'il est vexé, ennuyé ou blessé parce qu'il s'est trompé, cela annonce une disgrâce. Si une jeune fille rêve qu'elle a salué un jeune homme comme son amant, et qu'elle découvre que c'est un étranger, cela indique qu'une personne malveillante parlera de son caractère avec légèreté. 78, 16.

ÉTERNUEMENT. Rêver que l'on éternue est un signe de longue vie. 55.

ÉTOILES. (*Voir Nuit.*) Rêver de voir une multitude d'étoiles brillantes dans un ciel clair est un signe (pour une dame) qu'elle aura beaucoup d'enfants et des troupes de bons amis : pour un homme d'affaires, un tel rêve dénote autant de clients qu'il voit d'étoiles dans un ciel clair. Si une jeune fille rêve qu'elle voit des étoiles et qu'elle en remarque une ou plusieurs plus brillantes que les autres, ces étoiles brillantes sont des amants, et les petites sont ses enfants ou ses amis. 4, 19.

ÉTRANGER. Une fille qui rêve qu'elle est embrassée par un étranger lui promet un nouvel amant : une femme mariée qui rêve cela présentera probablement bientôt à son mari un étranger sous la forme d'un nouveau bébé, et il doutera malheureusement de sa paternité. 62, 8.

ÉTREINTE. Si une jeune fille rêve qu'elle est caressée et prise dans les bras par son amant, c'est le signe qu'il en aura bientôt assez d'elle et qu'il voudra s'en débarrasser : il n'est pas si mauvais de le laisser la prendre dans ses bras pour de vrai que d'en rêver. Le même signe vaut pour l'autre sexe. 2, 11.

ESCALADE. Si vous rêvez d'escalade, c'est le signe qu'une certaine dignité vous sera conférée ou que vos conditions de vie s'amélioreront. Pour les célibataires, cela prédit qu'ils se marieront au-dessus de leur condition. 4, 19.

ESCLAVE. Rêver qu'un esclave préféré est devenu ingrat et s'est enfui, c'est le signe que quelqu'un l'a manipulé, mais sans résultat ; si, dans votre rêve, vous imaginez qu'un de vos esclaves préférés a été impertinent ou négligent, et qu'il doit être fouetté, et que vous vous en sentez mal, cela montre que quelqu'un essaiera de vous nuire par l'intermédiaire de vos esclaves, et que vous devez donc être attentif au caractère des Blancs qui vous entourent. 62, 4.

ÉVANOUISSEMENT. Rêver que l'on voit une personne s'évanouir indique que l'on apprendra bientôt la mort d'un ami cher. 64.

ÉVENTAIL. Rêver que l'on voit sa chérie s'éventer signifie qu'un étranger arrivera un jour ou l'autre et vous « dépossédera ». Si une jeune fille rêve que son soupirant lui présente un éventail ou lui propose de l'éventer, c'est le signe qu'il tentera de prendre des libertés avec elle. 41, 18.

EXÉCUTION. (*Voir pendu et potence.*) Rêver que l'on voit un homme pendu indique qu'un ami ou un parent va bientôt connaître la bonne fortune. Si vous rêvez que vous êtes vous-même pendu, vous pouvez compter sur la chance pour cette année-là : si vous êtes dans les affaires, vous aurez du succès. 7, 6, 10.

FACE. Rêver que votre visage est gonflé, indique une augmentation de la richesse et de l'honneur ; mais s'il devient pâle ou émacié, vous serez sévèrement déçu. Un visage frais et souriant, c'est l'amitié et la joie ; un visage noir, c'est une longue vie ; un visage qui se lave, c'est le repentir. 5, 11, 55.

FACTION OU SÉDITION. Dénote la santé, les ennuis et la honte. 16, 10.

FACTURES BANCAIRES. (*Voir Argent.*)

FACTEUR. Rêver d'un facteur, indique que vous aurez des nouvelles d'une personne absente que vous aimez. 18, 50.

FAIM. Les rêves de faim annoncent que l'on s'engagera bientôt dans une nouvelle entreprise qui s'avérera fructueuse. Les rêves de faim sont d'excellents présages pour les amoureux, car ils dénotent l'énergie et le succès. Si une jeune fille rêve qu'un homme affamé vient la voir, c'est le signe qu'il lui fera la cour d'une manière si sincère et si affectueuse qu'il gagnera son cœur. 19, 37.

FANTÔME. (*Voir Apparition.*)

FRAMBOISE. Rêver d'une abondance de ce fruit est un signe de santé et de richesse : si vous rêvez que vous mangez des framboises, cela indique que vous serez engagé dans une entreprise qui vous rapportera beaucoup d'argent, dont la plus grande partie sera dépensée de façon somptueuse. 3, 66.

FAMILLE. Si un homme ou une femme rêve qu'il ou elle a une famille nombreuse, c'est un signe d'économie et de richesse. Un tel rêve est une chance pour tout le monde. 18, 41.

FAMINE. Si un agriculteur rêve que ses récoltes sont mauvaises ou qu'il y a une pénurie de nourriture, cela indique qu'il y aura une querelle qui, même si elle n'est pas entre ses gens, il en sera témoin ou en entendra parler, et cela l'inquiétera. 34, 8, 26.

FARINE. Rêver que l'on achète de la farine est de mauvais augure, et présage une maladie ou la mort d'un ami proche. 41.

FATIGUE. Rêver que l'on est très fatigué présage que l'on aura du succès dans les affaires, mais c'est un signe de maladie. 4, 78.

FAUCON. Si vous rêvez que vous voyez un très grand faucon, cela indique que vous allez bientôt commencer une nouvelle entreprise ; si le faucon s'élance et prend un poulet, un oiseau ou un poisson, vous aurez probablement du succès ; si de petits oiseaux attaquent le faucon et le chassent, vous aurez des difficultés dans votre entreprise et vous risquez peut-être d'échouer. 5, 55.

FAUTE. Si vous rêvez que vous commettez une faute, soyez très prudent dans votre conduite ; si vous voyez une faute chez une dame qui vous est très chère, si vous avez confiance en elle, elle vous sera fidèle en tout. 22, 13, 27.

FAVEUR. Si vous rêvez que vous demandez une faveur à un ami et qu'il vous l'accorde, cela annonce qu'il a parlé de vous ; mais s'il la refuse, cela montre que quelqu'un d'autre lui a parlé de vous en mal. 16, 71.

FÉE. Si vous rêvez de voir une fée, vous rencontrerez une femme qui vous séduira et vous rendra la vie pénible. 2, 22.

Rêver de tempêtes de vent,
c'est faire preuve d'inconstance.
Mais si vous rêvez d'elfes et de fées,
méfiez-vous des filles et des vagabonds de la nuit.

FER. (*Voir Métaux*).

FERME. (*Voir Terre.*) Si un homme rêve qu'il a une bonne ferme, bien clôturée, avec des pâturages agréables, qui lui est donnée, il aura une belle femme ; mais si la terre semble spacieuse, et non clôturée, cela dénote le plaisir, la joie, et la richesse. Rêver que l'on travaille dans une ferme indique que l'on recevra bientôt un héritage d'un parent éloigné. 42.

FÊTE. Si vous rêvez que vous festoyez dans la maison d'un ami, ou que vous mangez avec lui quelque part, cela indique que vous ferez une nouvelle connaissance par son intermédiaire. Si une fille rêve cela, c'est un signe qu'elle aura bientôt un amant dans la maison ou le lieu même où elle rêve de festoyer. 76, 18.

FÊTE. Rêver de donner une grande et somptueuse fête à vos amis, est un signe de pertes et de pauvreté : si vous imaginez que vous allez à une telle fête, cela prédit que l'on vous demandera d'aider quelqu'un dans la détresse. 77, 18, 42.

FEUILLES. Rêver que l'on voit des feuilles pousser fraîchement sur un arbre ou une plante est un bon signe, et indique que l'on vivra longtemps et que l'on sera heureux ; mais voir des feuilles se flétrir et tomber à terre est un signe de maladie et de mort. 47, 21.

FIERTÉ. Rêver de gens orgueilleux qui vous dégoûtent, c'est présager que vous vous élèverez dans le monde : une fille qui rêve cela de son amoureux, épousera probablement un homme riche ou distingué. 3, 32, 13.

FIGUES : Rêver que l'on mange de bonnes figues signifie joie et bonheur ; si les figues sont moisies ou défectueuses, votre plaisir sera gâché par un événement désagréable. 6, 29.

FLEURS. Si vous rêvez que vous cueillez des fleurs, c'est un présage très favorable : attendez-vous à prospérer dans tout ce que vous entreprenez, et à avoir du succès en amour, à vous marier avec bonheur et à avoir de beaux enfants ; si les fleurs se flétrissent sous vos mains, cela annonce de lourdes pertes dans le commerce, la mort de votre bien-aimé, ou si vous êtes marié, la perte de votre mari ou de votre femme, ou peut-être celle de votre enfant favori. 14, 7, 43.

FLUTE. Rêver que l'on joue ou que l'on entend jouer de la flûte signifie qu'il y a des problèmes et des disputes avec les amis. 47, 8.

Si vous présentez à votre aimable fantaisie de
jouer d'un instrument,

votre bien-aimé ne vous dédaignera pas,
mais il vous rendra l'amour véritable pour l'amour à nouveau.

FOIN. Rêver de faire du foin signifie que l'on réussit dans toutes ses entreprises. C'est un bon présage pour les jeunes amoureux. Rêver que l'on vend du foin est de mauvais augure, et présage des pertes dans les affaires et des accidents dangereux. 49, 11.

FOIRE. Rêver que vous êtes à une foire est de mauvais augure ; cela indique qu'un prétendu ami est sur le point de vous faire du tort ; si vous êtes dans le commerce, soyez très attentif, car un escroc essaiera certainement de vous escroquer. 31, 15.

FONTAINE. Rêver que l'on est à une fontaine, est un présage favorable ; si l'eau est claire, elle indique des richesses et des honneurs ; et en amour, elle prédit le bonheur dans le mariage ; mais si elle est boueuse, elle indique des contrariétés et des ennuis. 71, 20, 18.

FORTUNE. Si vous rêvez que quelqu'un vous a dit la bonne aventure, vous pouvez calculer que tout se passera à peu près à l'inverse de ce qui vous a été promis : si l'on vous a promis de l'argent, vous aurez de la pauvreté, et *vice versa*. Rêver d'une fortune soudaine est un signe de manque. Tous les rêves de ce type suivent la règle du contraire. 76, 8, 4.

FOSSÉS. Rêver de fossés, de montagnes escarpées, de rochers et d'autres éminences, prédit des dangers et des malheurs : attendez-vous à ce que des voleurs dévalisent votre maison, ou à ce que vos enfants soient indociles et vous causent des ennuis ; si vous êtes amoureux, cela prédit des malheurs si vous épousez votre bien-aimée actuelle ; si vous êtes dans le commerce, cela dénote des pertes de marchandises et d'autres ennuis : pour les fermiers, cela prédit des accidents à leur bétail, la perte de leurs moutons, etc. 73, 8.

FOURCHETTE. Rêver d'une fourchette indique qu'un faux ami tentera de vous ruiner par la flatterie. 69.

FOURMIS. Rêver de fourmis porte malheur, et en rêver trop souvent indique que le rêveur ne vivra pas longtemps. 7, 49, 20.

FOURRURE. Rêver de fourrure signifie beaucoup de bien ; cela indique que votre amoureux est bon et sincère, et que si vous vous mariez, vous serez très heureux ; cela indique au marchand un bon établissement dans les affaires, au marin un voyage profitable. 61, 78.

FRANC-MAÇON. Rêver que vous êtes un franc-maçon indique que vous vous ferez bientôt un certain nombre de nouveaux amis qui vous traiteront sur un pied d'égalité, cela prédit également que vous ferez un voyage vers l'est. Si vous êtes déjà membre de ce célèbre et lamentable ordre et que vous rêvez que vous assistez à une réunion de la loge, cela présage une maladie et une lourde perte de biens ; rêver que vous êtes expulsé de l'ordre indique que vous atteindrez un rang plus élevé dans la vie. 2, 78.

FRATERNITÉ. Rêver d'entrer dans une société de cet ordre prédit la maladie et la détresse : si vous êtes déjà un Frère, et que vous rêvez de querelles dans la Loge, et que vous êtes en danger d'être exclu, c'est un signe que vous atteindrez une position plus élevée dans la vie par les richesses ou les honneurs. 2.

FRÈRES. Rêver que l'on voit ses frères et sœurs, signifie une longue vie pour le rêveur, mais cela présage une mort dans la famille. 24, 8.

FROMAGE. Rêver que l'on mange du fromage signifie profit et gain dans le commerce ; en amour, tromperie. 65, 3.

FRUITS. Rêver de fruits mûrs et beaux est un excellent présage, car ils annoncent le succès le plus parfait dans toutes les affaires du monde : si les fruits sont verts ou défectueux, cela indique des problèmes avec votre succès. Si vous rêvez de manger un fruit qui s'avère aigre ou pourri, c'est un signe de déception : si une jeune fille rêve cela, c'est un signe que son amant la trompera. 32.

FUMÉE. Rêver que l'on se trouve dans une pièce pleine de fumée, prédit que l'on s'engagera dans une controverse hargneuse, et peut-être dans une querelle : les amoureux qui rêvent de fumée, mettront le nez dans le feu lors de leur prochaine rencontre, et il s'avérera que c'est un feu de colère ou de luxure. 76, 5.

FUGUE AMOUREUSE. Si une jeune fille rêve qu'elle s'enfuit avec son fiancé, c'est le signe que ses parents donneront leur accord et qu'elle sera bientôt mariée à celui qu'elle aime. Si un homme rêve qu'il s'enfuit avec sa bien-aimée, cela présage qu'il sera « doublé » par un étranger. 4, 44, 8.

FUNÉRAILLES. Rêver d'assister à un enterrement indique que vous serez probablement bientôt à un mariage ou à une fête gaie. Si, dans votre rêve, vous voyez passer un enterrement, cela indique une fête de plaisir à l'extérieur, comme un pique-nique ou une excursion. 18, 1.

FUSÉE. Rêver de voir des fusées voler dans les airs, c'est présager la joie et l'allégresse à l'occasion d'un événement qui va se produire : pour les personnes mariées, cela dénote la naissance d'un enfant, ou le mariage d'une fille si elles en ont une assez âgée. Si une jeune fille rêve qu'elle voit une fusée, elle n'a pas besoin de s'inquiéter davantage, car elle est sûre de se marier rapidement. 15.

FUSIL. Rêver qu'on tire un coup de fusil ou qu'on entend le bruit d'un fusil indique une querelle : si vous imaginez qu'un ami tire un coup de fusil, cela indique qu'il y aura une difficulté avec lui. Si vous rêvez que vous tuez un oiseau, un écureuil ou un autre animal en tirant dessus, cela annonce que vous agirez de manière irréfléchie dans une querelle. Si un amoureux rêve qu'il tire un coup de feu, c'est le signe qu'il aura des ennuis avec sa bien-aimée. 21, 57, 16.

GAIN. Si l'on acquiert avec justice, on peut espérer la richesse ; si l'on acquiert avec injustice, on perd sa fortune. 33, 14.

GANTS. Rêver que l'on porte de bons gants apporte le bonheur ; si les gants sont déchirés, beaucoup de déceptions. Pour l'amoureux, ce rêve est un signe qu'il obtiendra la main de sa bien-aimée. 25, 9.

GARÇON. Si une femme rêve qu'elle accouche d'un garçon, sa vie sera agréable. 52.

GARDIEN. Rêver qu'on en appelle un, donne confiance : voir une personne emmenée en prison par un gardien, montre qu'il faut être prudent dans la conduite de ses affaires. Si le gardien s'empare de vous, c'est un très bon signe. Voir plusieurs sentinelles ensemble, signifie la perte d'argent. 67, 52.

GÂTEAUX. Si une ménagère rêve qu'elle fait des gâteaux ronds, cela prédit que son mari aura de la chance et lui fera un cadeau. Rêver de manger des gâteaux, c'est aussi un rêve favorable. 18, 78.

GÉANT. Si une dame rêve qu'elle voit un homme très grand, ou un géant, et si elle est satisfaite de son apparence, cela indique que son futur mari sera un petit homme, ou un homme de petite intelligence ; si elle est dégoûtée par le géant, c'est un signe qu'elle épousera elle-même un tel homme, ou un homme d'une grande intelligence. Pour les personnes mariées, rêver de géants indique la perspective d'avoir des enfants intelligents. 31, 4.

GELÉE. Rêver qu'on vous donne des pots de gelée, ou que vous mangez de la gelée, et qu'il y en a beaucoup autour de vous, est un signe certain de longue vie et de bonne fortune en général ; autant de pots qu'on vous donne, ou que vous pouvez avoir, autant de générations que vous vivrez pour voir. La même règle s'applique aux fruits conservés. 65, 18, 78.

GÉMISSEMENT. Entendre en songe des gémissements d'agonie, indique que vous irez bientôt à une fête, ou dans un lieu où vous vous divertirez beaucoup ; si vous voyez et reconnaissez des gens qui gémissent, cela indique qu'ils feront bientôt quelque chose pour vous amuser ou vous faire plaisir. 41, 8.

GENOUX. Rêver de tomber sur les genoux, dénote un malheur dans les affaires. Voir les genoux d'une femme, bonne chance et mariage avec la fille de votre choix. Pour une femme, voir les genoux d'un homme, indique qu'elle aura beaucoup d'enfants de sexe masculin. 22, 37, 35.

GIBIER. Rêver que l'on mange du chevreuil est un signe que l'on voyagera : si l'on imagine que l'on voit de grandes selles de chevreuil au marché, cela annonce un voyage d'affaires qui sera fructueux. 42, 70.

GIN. Rêver de cette liqueur est un signe de pauvreté et de disgrâce : si vous vous imaginez en train d'en boire, cela annonce que vous perdrez de l'argent ou des biens par quelque acte insensé de votre part. 74, 78.

GITANS. Si vous rêvez de ces vagabonds, cela annonce que vous aurez des ennuis de quelque nature, soit une perte vexatoire, soit un événement qui vous inquiétera : rêver qu'un gitan vous dit la bonne aventure, montre que quelqu'un vous volera. 16, 57.

GLACE. Si vous rêvez que vous marchez sur de la glace glissante en hiver, c'est le signe qu'un malheur vous menace : si vous glissez, c'est un présage de malchance. Si vous rêvez que vous glissez ou patinez facilement sur de la glace lisse, c'est que vous aurez probablement une difficulté quelconque, mais que vous la surmonterez et que vous vous en sortirez très bien. Pour les amoureux, rêver de passer sur de la glace est un mauvais présage. 4, 28.

GLANDS. (*Voir Chêne.*) Rêver que l'on voit des porcs manger des glands signifie que l'on aura des revers dans les affaires et que l'on perdra si l'on n'est pas très prudent ; rêver que l'on ramasse des glands signifie qu'un riche parent vous laissera une fortune. 65.

GLISSADE. Si une jeune fille rêve qu'un jeune homme l'aide à glisser et qu'elle y prend plaisir, c'est qu'elle aura bientôt un amant agréable : une glace rugueuse ou mouillée, ou des trous dans la glace, annoncent des difficultés. Si une jeune fille rêve qu'elle tombe sur la glace et que son amant tombe avec elle et la surplombe, ils feraient mieux d'aller voir le curé immédiatement et de se faire faire un nœud, car c'est une chose qui arrivera à coup sûr. 4, 28.

GLOBE. Rêver que l'on regarde un globe terrestre annonce beaucoup de bonnes choses et que l'on sera un grand voyageur. 19.

GORGE. Une femme mariée qui rêve qu'elle a mal à la gorge, qu'elle est gonflée ou qu'elle n'est pas en ordre, est un signe qu'elle est dans la voie de la famille ; et une fille qui rêve cela ferait mieux d'être prudente et de se tenir à l'écart des jeunes gens, par crainte d'accidents. 60, 18.

GOUDRON. Rêver de goudron est un signe que vous voyagerez sur l'eau ; si vous rêvez que vous en recevez sur vos mains ou vos vêtements, cela indique que vous aurez des difficultés ; et imaginer que vous vous asseyez accidentellement sur du goudron, et que vous restez collé au siège, prédit que vous serez retenu contre votre volonté dans un pays étranger. 12, 6, 72.

GOUVERNAIL. Rêver d'un gouvernail cassé dans un bateau ou un navire dans lequel vous naviguez, prédit que l'une des personnes que vous imaginez être dans le bateau, sera noyée ou mourra soudainement. 27, 75.

GRAIN. Rêver de champs réguliers de céréales mûres est de bon augure, car c'est un signe d'économie : si les céréales sont brisées ou imparfaites, cela indique des problèmes d'économie ; si elles sont moisies, vous subirez des pertes. L'abondance du grain en gros est aussi un signe d'abondance, mais le grain dispersé en est le contraire. 69.

GRAISSE. Si vous rêvez de graisse, cela présage que toute entreprise dans laquelle vous êtes engagé se déroulera bien et sclon votre esprit : si la graisse est sale, vous rencontrerez des difficultés, mais vous les surmonterez. Les amoureux qui rêvent de graisse pourront se marier assez facilement, et les choses se passeront bien par la suite. 4, 11, 44.

GRAND. Si une jeune femme rêve que son soupirant est un homme très grand, c'est le signe que son futur mari sera un « petit bonhomme » et qu'il n'aura pas beaucoup d'importance. 4.

GRANGE. Si vous rêvez que vous êtes dans une grange bien garnie de foin et de grain, cela prédit que vous vous marierez riche ou que vous hériterez d'une terre. Si la grange est vide, c'est l'inverse qui se produit, ou bien vous subirez une perte. 4, 75.

GRAVIER. Voir des tas de gravier propre, indique que vous ferez bientôt un voyage par terre, qui sera agréable ou profitable. 44, 19, 22, 1.

GRÊLE. Rêver d'une tempête de grêle est un signe que vous ferez une bonne affaire ou que vous aurez de la chance dans quelque entreprise, à condition que la grêle soit blanche ou en cristaux ; la grêle noire dénote le chagrin et la mort, c'est pourquoi vous ne devriez jamais rêver de cette sorte de grêle si vous pouvez l'éviter. Rêver de voir des grêlons blancs sur le sol signifie que l'on recevra bientôt beaucoup d'argent dans une transaction. 21, 72.

GRENOUILLE. Si vous rêvez de voir une grosse grenouille, ou un certain nombre de grenouilles, ou d'entendre des grenouilles coasser, c'est un bon présage en ce qui concerne votre santé. Rêver d'attraper des grenouilles vivantes, sans les tuer, annonce quelque bonne fortune ; mais si vous les tuez, c'est le signe qu'il vous arrivera quelque accident. 22, 3.

GROG. Rêver de boire du grog, c'est prédire la pauvreté ou la disgrâce, ou les deux. Si vous rêvez que vous buvez du grog qui a un goût très agréable, cela indique qu'il se passera quelque chose qui vous rendra malheureux. 55.

GROSEILLES. Les groseilles rouges indiquent le bonheur dans la vie et le succès en amour. Les groseilles blanches annoncent que votre partenaire aura des difficultés et sera atteint d'une longue maladie. 12, 5, 60.

GROSEILLES A MAQUEREAU. Rêver de groseilles à maquereau indique la présence de nombreux enfants, principalement des fils, et l'accomplissement de vos activités actuelles. Pour la jeune fille, elles annoncent un mari joyeux ; elles indiquent également le bonheur dans le mariage et le succès dans le commerce. 19, 8.

GROSSESSE. Si une femme rêve qu'elle est enceinte alors qu'elle ne l'est pas, c'est le signe d'une bonne fortune particulière ; elle recevra un beau cadeau, ou bien son mari aura de la chance dans une transaction commerciale et lui donnera une partie de l'argent : si une fille rêve cela, cela prédit qu'elle se mariera à peu près aussi soudainement que si le rêve était une réalité. 4, 11, 44.

GROSSEUR. Rêver que l'on grossit, si l'on est une femme mariée, signifie que l'on aura bientôt un fils ; pour une jeune fille, cela signifie qu'elle sera bientôt fiancée ; pour les hommes, c'est un signe de succès dans les affaires.

GROTTE. Rêver d'être dans une grotte, ou une caverne dans la terre, indique que vous rencontrerez bientôt un parent proche et cher : si vous vivez loin de chez vous, quelque chose se produira pour provoquer votre retour : un tel rêve prédit toujours la rencontre de vos amis absents. 49, 2.

GUÊPE. Rêver de guêpes indique l'économie et l'abondance, en particulier pour les fermiers et ceux qui ont des arbres fruitiers. Si une jeune fille rêve qu'elle est piquée par une guêpe, cela annonce qu'elle épousera un homme qui l'aimera beaucoup. 62, 18.

GUÉRIR. Si vous rêvez que vous avez une plaie sur votre personne qui a été guérie rapidement, c'est un signe que quelqu'un va briser une relation ; si vous avez un amoureux ou une amoureuse, il est probable que quelque chose va se produire pour rompre l'intimité. 20.

GUERRE. Rêver que la guerre existe, et que vous voyez des corps de troupes en marche, présage des querelles et des troubles dans votre famille, si vous en avez une, et sinon, parmi vos proches : si vous imaginez que vous voyez une bataille, le présage est encore pire, car la querelle deviendra probablement publique et notoire. 4, 6, 24.

GUITARE. Ce rêve indique la chance dans les affaires amoureuses, si le rêveur chante et joue de l'instrument en même temps. 45, 24.

GRUAU D'AVOINE. Rêver que l'on boit du gruau est un bon signe si l'on est malade, car cela indique un prompt rétablissement ; mais si l'on se porte bien, c'est le signe que quelqu'un vous dépassera dans une affaire, ou que vous ferez quelque acte insensé. 2, 11, 22.

HAINE. Rêver que l'on hait une personne en particulier est un signe qu'elle a dit du mal de vous. Si une jeune fille a la sottise de faire un tel rêve sur son amant, cela montre qu'il médite une atteinte à sa chasteté ; au contraire, si elle rêve qu'il la hait, c'est un signe qu'elle possède son cœur tout entier. 44.

HARICOTS. Rêver de manger des haricots est un signe d'ennuis. Si vous cueillez des haricots, c'est un signe de pauvreté. 72, 18, 11.

HARPE. Rêver que vous jouez de la harpe, indique que vous avez des ennemis envieux qui cherchent à vous blesser par des calomnies. Rêver que l'on entend quelqu'un jouer de la harpe, c'est le signe que si l'on a des amis malades, ils se rétabliront. Dans les relations amoureuses, ce rêve est très chanceux. 5, 11.

HÂTE. (*Voir Course et Marche*).

HERBE. L'herbe verte, indique une longue vie ; couper l'herbe, de grands ennuis. 14, 6.

HIRONDELLES. Rêver de ces oiseaux est de bon augure, car cela annonce la santé et des récoltes abondantes aux agriculteurs : si vous rêvez que vous tuez une hirondelle, c'est le signe d'un malheur ; si vous attrapez l'oiseau, vous aurez beaucoup de chance et beaucoup d'argent ; mais si, après l'avoir capturé, vous rêvez que vous le laissez partir, une fortune vous échappera. 25.

HOMMES ARMÉS (*voir Soldats*).

HOMME DE LOI. (*Voir Avocat.*) Rêver que vous parlez avec eux, indique un obstacle aux affaires, et qu'il faut beaucoup de circonspection pour assurer le succès de vos affaires. Cela indique également la perte de biens. 16.

HORLOGE. Rêver que l'on entend sonner l'horloge indique un mariage rapide ; si l'on rêve que l'horloge tombe ou se brise, cela indique un danger. Rêver que l'on compte les heures de l'avant-midi, c'est chanceux ; l'après-midi, c'est malheureux. 72, 3, 12.

HOUBLON. Rêver de voir un grand jardin de houblon en pleine feuille, dénote l'économie et la richesse : si vous voyez du houblon séché, et que vous sentez son parfum, cela indique que vous allez bientôt recevoir une bonne somme d'argent provenant d'un héritage ou d'une spéculation réussie. 27, 9.

> *À la jeune fille qui rêve de houblon parfumé,*
> *Un amoureux bientôt la question se pose !*
> *Et se marie aussi rapidement...*
> *Neuf enfants justes béniront cette union !*

HUILE. Rêver qu'elle est renversée sur le sol, signifie un dommage ; la renverser sur soi, un profit. 1, 41.

HUÎTRES. Si, dans votre rêve, vous imaginez que vous mangez des huîtres, cela indique que vous aurez des difficultés en matière d'argent ; mais les sortir de l'eau est un signe de gain : rêver que vous ouvrez de belles huîtres bien grasses pour que d'autres les mangent est aussi un présage favorable, car cela indique que vous aurez beaucoup d'argent liquide. 7, 53.

ÎLE. Rêver que l'on se trouve sur une île déserte indique que l'on commettra un acte qui dégoûtera ses amis et les fera rompre avec vous ; attention à la façon dont on se comporte après avoir fait un tel rêve. 19, 65, 22.

ILLUMINATION. Rêver d'une illumination présage un succès dans la vie et beaucoup de bonheur ; si la lumière commence à disparaître, le chagrin et beaucoup de larmes seront votre lot. 24, 68.

IMAGES. Rêver de voir des images est un signe de joie sans profit. 48, 7.

IMPERTINENCE. Si une jeune fille rêve qu'elle rencontre un monsieur qui se montre impertinent à son égard dans la conversation, c'est le signe qu'elle fera une nouvelle connaissance masculine qui lui sera très agréable : si elle se fâche contre ladite impertinence, elle tombera probablement amoureuse de son nouvel ami et l'épousera ou sera en mauvais termes intimes avec lui. 1, 11.

IMPRÉCATION. Si vous rêvez que vous êtes maudit, cela présage une mauvaise fortune ; si vous êtes maudit, toutes vos attentes seront comblées. 4, 72.

INCENDIE. Si, dans votre rêve, vous voyez une maison en feu autre que la vôtre, cela annonce un événement qui vous rendra mélancolique et triste, comme la mort ou la ruine d'un ami estimé. Si vous rêvez que votre maison ou votre entreprise brûle, c'est un présage de bonne fortune. Si vous rêvez que vous jouez avec le feu, c'est le signe d'une querelle au lit. Pour ce rêve, jouez d'abord votre âge. 26.

INDIGO. Rêver d'indigo indique à une femme qu'elle traversera l'océan. Si elle rêve qu'elle met l'indigo dans l'eau et qu'il ne donne pas de couleur, elle peut être assurée qu'elle arrivera en Inde. Mais si la teinture se répand dans l'eau de la manière habituelle, cela ne se produira pas. 27, 15.

INFIRMIÈRE. Rêver d'une infirmière pour les femmes couchées présage de la chance et de l'abondance d'argent ; pour un agriculteur, un tel rêve pronostique des récoltes abondantes, et pour les personnes nouvellement mariées, de bonnes récoltes d'enfants. 28.

INONDATION. Rêver d'une inondation indique généralement la richesse et l'abondance, en particulier si l'eau est calme, cela montre que même si vous perdez quelque chose, vous aurez suffisamment de chance pour compenser. 2, 66, 9.

INSECTES DE LIT. Indique les querelles et les conflits. 2, 10.

Rêver de s'asseoir près du feu,
quand il est tard, témoigne d'un désir ;
Mais si vous restez assis jusqu'à ce que le feu s'éteigne,
Votre amour s'avérera faux en raison du doute.

INSULTE. (*Voir Abus.*)

IVOIRE. Rêver d'ivoire signifie que vous aurez beaucoup de succès dans les affaires. Pour les célibataires, c'est le signe qu'ils tomberont bientôt amoureux et qu'ils auront de la chance dans leur cour. Pour les personnes mariées, c'est un signe de bonheur domestique. 4, 75, 30.

IVRESSE. Rêver que l'on est ivre, c'est perdre en affaires, mais réussir en amour. Pour une femme, cela signifie qu'elle sera aimée par un étranger, et pour un homme qu'il sera marié à une jeune et riche veuve. Pour les personnes mariées, cela signifie le bonheur domestique. Voir un homme ivre, indique que vous serez coupable d'une action insensée. 18, 20.

JALOUSIE. Rêver que vous êtes jaloux de votre amoureux ou de votre femme signifie qu'ils vous trahiront ; pour une jeune fille, rêver qu'elle est jalouse de son amoureux est un signe qu'un ami particulier va dévoyer ; pour une femme, rêver qu'elle est jalouse de son mari, prédit la perte de son amour. 28, 6.

JAMBES. Rêver de jambes épaisses et grasses est un mauvais présage, car cela annonce la maladie : les jambes minces et en jarret sont excellentes pour rêver, car elles indiquent une course réussie avec la fortune. Il ne faut pas croire qu'un amoureux rêvera jamais des jambes de sa bien-aimée, mais s'il le fait, il les imaginera probablement rondes, dodues et d'une blancheur d'albâtre ; c'est un mauvais rêve, et il doit absolument éviter de penser à ses jambes lorsqu'il s'endort : si une dame rêve que les jambes de son amoureux sont minces, cela présage qu'il sera un homme riche. 48, 5.

JAMBON. Rêver de beaux jambons est de bon augure ; mais s'ils sont vermoulus ou en quelque sorte tachés, cela gâche toute la chance, et montre que vous serez malheureux. Rêver que l'on mange des jambons de bon goût, c'est un signe que l'on fera quelque chose de remarquable qui fera jaser, mais tout à fait en sa faveur ; si le jambon que l'on mange est mauvais et vermoulu, ce jargon sera un scandale contre soi. 30, 1.

JARDIN. Si vous voyez un beau jardin dans votre rêve, c'est un signe de chance et d'abondance. Si le jardin est envahi par les mauvaises herbes, vous pouvez encore avoir de la chance, mais beaucoup d'ennuis et de contrariétés l'accompagneront : si vous voyez des rats ou des cochons dans le jardin, cela indique que des voleurs vont vous ennuyer. 31, 17.

JARRETIÈRE. C'est un bon rêve pour l'amoureux, car il signifie qu'il sera bientôt uni à sa bien-aimée. Pour les personnes mariées, ce rêve présage de nombreux problèmes domestiques dus à la jalousie. 4, 16.

JAUNE. Rêver qu'on vous présente un objet jaune est un signe que vous obtiendrez de l'or : si une jeune fille rêve que son amant lui offre des fleurs jaunes, cela annonce qu'elle se mariera richement. 60, 41.

JEU. Rêver de jeu est un signe de pauvreté et de disgrâce. Si, dans votre rêve, vous voyez d'autres personnes jouer, mais que vous ne le faites pas vous-même, cela indique que certains de vos amis ou parents auront un revers de fortune et deviendront pauvres. 8, 44.

JEÛNE. Rêver de jeûne, ou de se priver de nourriture jusqu'à ce que l'on ait très faim, est un signe de querelle ; mais cela prédit le succès en amour et en affaires. 29, 7.

JEUNE. Si une personne âgée ou d'âge moyen rêve qu'elle est jeune, cela présage sa mort ; pour une personne jeune, rêver qu'elle est un enfant, le présage est similaire ; mais rêver de *jeunes,* est un signe que vous vivrez jusqu'à un âge avancé. 69, 4.

JOLIE FILLE. Si un jeune homme rêve qu'il admire une jolie fille, c'est le signe qu'il épousera une simple d'esprit : si une fille rêve qu'elle a un bel et joli amant, elle sera susceptible d'épouser une tête de noeud. Voici une ancienne prédiction rimée : 4, 13.

Rêver que l'on aime une jolie fille,
Prévoit que vous vous séparerez dans la douleur ;
Mais si vous rêvez qu'elle est sage et pleine d'esprit,
Elle sera le chouchou de votre cœur !

JOIE. Rêver que vous êtes dans l'extase de la joie pour quelque chose qui s'est passé, présage de la douleur et des ennuis ; quelque chose ne manquera pas de se produire pour vous rendre malheureux. 46.

JOUR. Rêver d'un jour clair et ensoleillé est un présage de longue vie et de bonheur, mais rêver d'un jour sombre, nuageux et orageux est un mauvais présage. 3, 33, 9.

JOURNAL. Bonne chance dans tout ce que vous entreprenez. 64, 7.

JUIF. Si vous rêvez qu'un véritable Israélite vient vous importuner de quelque manière que ce soit, c'est le signe que vous vous disputerez avec votre père ; si vous imaginez qu'il vous trompe dans un marché, cela prédit que vous recevrez probablement un cadeau de quelque proche parent ; au contraire, s'il vous donne un avantage dans le marché, cela montre que votre père, ou quelque parent plus âgé, vous demandera une faveur. 58, 21.

JUMEAUX. Rêver d'avoir des jumeaux est une bonne nouvelle, un signe d'honneur ou de richesse ; c'est aussi un bon présage en amour si un homme en rêve, mais si une fille fait ce rêve, elle doit se méfier des garçons. 44, 4.

JUMELLES. Rêver de regarder à travers un de ces instruments et d'observer des objets à distance, est un signe que vous agrandirez vos possessions ; si vous êtes fermier, vous agrandirez votre ferme ; si vous êtes homme d'affaires, vous agrandirez vos affaires, etc. ; mais pour un pauvre diable qui n'a pas grand-chose, cela prédit qu'il agrandira sa famille faute d'avoir quelque chose d'autre à agrandir. 14.

JURONS. Rêver que l'on entend des altercations violentes et des jurons profanes est un signe que l'on perdra son rang et que l'on descendra dans le monde ; si un homme rêve que dans sa colère il jure et maudit, cela prédit qu'il tombera dans la pauvreté. 72, 4.

JURY. Si un homme rêve qu'il fait partie d'un jury, c'est le signe qu'un ami lui demandera une faveur qu'il hésitera à lui accorder. 38, 3.

JUSTICE. (*Voir Prison.*) Si un homme rêve qu'il est enfermé dans une prison ou une geôle, cela indique qu'il recevra des honneurs ou des dignités, car de tels rêves vont à l'encontre : si son arrestation et son emprisonnement l'inquiètent, cela montre seulement qu'il sera d'autant plus ravi de ses nouvelles dignités. 46.

KALEIDOSCOPE. Rêver que l'on regarde à travers un de ces curieux instruments, et si l'on est ravi des changements qui se présentent, c'est un signe que l'on voyagera dans des pays lointains ou que l'on sera très mécontent chez soi. 36, 75.

LABOUR. Si un agriculteur rêve qu'il laboure sur un sol lisse et régulier, cela indique des récoltes abondantes et de la chance en général : s'il laboure des pierres, c'est encore mieux, mais si sa charrue s'accroche à un rocher ou à une souche, cela indique des contrariétés et des ennuis avec sa chance. 41.

LAC. Si vous rêvez que vous naviguez sur un lac lisse et clair, cela présage le succès dans toutes vos entreprises ; si le lac est agité, mais que l'eau est claire, le signe est encore bon, bien que vous rencontriez des difficultés ; si l'eau est boueuse, cela dénote une maladie et des pertes dues à des personnes malhonnêtes dans votre entourage. 49, 17.

LAIT. (*Voir Pichet et Sein.*) Rêver de lait prédit, pour un homme, l'amour d'une femme. Si une femme nouvellement mariée rêve qu'elle a un sein plein de lait, c'est un signe qu'elle sera heureuse d'accoucher d'un bel enfant ; pour une vieille femme, cela présage beaucoup d'argent. 45, 60.

LAITERIE. Rêver que l'on se trouve dans une laiterie, occupé à travailler, est un présage très favorable ; pour la jeune fille, cela indique que son amant sera d'un tempérament industrieux et qu'il s'élèvera aux honneurs. Pour l'agriculteur, cela indique que ses récoltes seront abondantes ; pour le commerçant, de bonnes nouvelles. 71, 2.

LAITUE. Rêver de manger de la laitue est un signe de santé et de bonheur, à condition qu'elle soit verte et agréable, et qu'elle ait bon goût ; la laitue flétrie ou vermoulue annonce des contrariétés et des ennuis. 47, 6.

LAMBEAUX. Rêver que vos vêtements sont en lambeaux indique qu'une jeune fille va vous taquiner : si, dans votre rêve, vous voyez des gens en lambeaux, c'est le signe que vous serez ridiculisé lors de votre prochaine rencontre avec un groupe de dames et de messieurs. Les haillons et le ridicule vont de pair dans les rêves. 19.

LAMPE. Rêver que l'on fait tomber ou que l'on brise une lampe allumée signifie que l'on est déçu. Si, dans votre rêve, vous voyez la lumière brillante d'une lampe à une certaine distance de vous dans l'obscurité, et que vous vous en approchez, cela indique que vous aurez de la chance, ou que vous serez invité à visiter quelque chose et que vous rencontrerez une personne agréable du sexe opposé. 19.

LANGUE. Si une dame rêve qu'elle a une plaie sur la langue, c'est le signe qu'elle a proféré une calomnie. 54.

LANTERNE. Rêver que l'on porte une lanterne dans une nuit sombre est un bon signe, à condition que l'on n'ait pas de difficulté à trouver son chemin, car cela montre que l'on accomplira facilement quelque objet heureux que l'on a en vue ; si l'on trébuche ou si l'on a des difficultés à trouver son chemin avec la lanterne, cela dénote des ennuis et des contrariétés, bien que l'on parvienne finalement à la réussite. 28, 10.

LAPINS. Rêver de ces animaux, c'est présager de nombreux petits enfants : si une femme nouvellement mariée en rêve, c'est le signe qu'elle aura des jumeaux ou des triplés dans l'année : un tel rêve ne sera pas très agréable pour une jeune fille, à moins qu'elle n'ait l'intention de se marier tout de suite, car les lapins ne prédisent rien d'autre que l'élevage d'enfants. 44, 13.

LARMES. Si vous rêvez que vous versez des larmes de sympathie, c'est un signe que quelqu'un est amoureux de vous ; cela s'applique aux deux sexes, mais plus particulièrement aux filles qui pleurent facilement : si vous imaginez que vous pleurez de chagrin, une bonne fortune vous attend, et vous aurez des richesses en proportion des larmes versées : si vous rêvez que vous versez des larmes de vexation, cela montre que vous éprouverez une perte juste en proportion des larmes, ou que quelqu'un nuira à vos perspectives en faisant circuler un scandale. 14.

LARVES. (*Voir Ver.*) Rêver de vers blancs, gras et propres, est un signe de bonnes récoltes pour les fermiers, mais rêver de vers noirs ou sales est l'inverse. Pour une jeune fille, rêver de vers blancs est un mauvais signe, car elle risque de perdre sa vertu ; mais pour une femme mariée, c'est un bon signe, parce qu'elle sera bientôt dans la voie de la famille. 49, 70, 65.

LÉOPARD. Rêver de cet animal signifie que l'on a beaucoup de faux amis qui s'efforcent de nous ruiner, cela signifie aussi qu'il y a des querelles de famille et des malheurs domestiques. 24, 76.

LETTRES. Ces missives de papier sont bonnes à rêver : si vous rêvez que vous recevez un grand nombre de lettres, cela présage que des honneurs vous attendent : recevoir une lettre dans votre rêve, dénote que quelqu'un vous loue dans votre dos. Si une jeune fille rêve qu'elle reçoit une lettre d'amour de son soupirant, c'est qu'il l'adore : un homme qui rêve de la même façon d'une lettre de sa dulcinée peut se dire qu'il ne possède que son cœur. 28, 54, 1.

LÈVRES. (*Voir bouche*).

LÉZARD. Rêver de lézards, c'est le signe que vous avez des ennemis secrets qui vous feront du mal s'ils le peuvent. Si une fille rêve de cela, cela indique que quelqu'un mettra en doute sa vertu. 3.

LIBERTÉ. Rêver que l'on prend des libertés avec quelqu'un, c'est se méfier de lui ; si d'autres prennent des libertés avec vous, c'est qu'ils ont l'intention de vous tromper. 39, 40.

LIERRE. Rêver que cette plante grimpante coule et recouvre une maison est un signe de pauvreté, surtout si le lierre pousse en abondance : si vous rêvez qu'il recouvre votre propre maison, le signe est encore plus sûr : pour un fermier, rêver qu'il voit le lierre recouvrir un arbre, dénote de mauvaises récoltes. Une jeune fille qui rêve qu'elle se trouve dans une charmille couverte de lierre, épousera probablement un homme pauvre et insouciant. 2.

LINCEUL. (*Voir Cadavre.*) Rêver d'un linceul est un signe de mariage : voir, en rêve, une femme étendue dans son linceul, prédit à une jeune personne qu'elle assistera à un mariage ou qu'elle sera victime du tir à l'arc de Cupidon. 39, 11.

LINGE. Rêver que l'on est vêtu de linge propre signifie que l'on recevra bientôt de bonnes nouvelles et que l'on est fidèle à son amour ; si le linge est sale, cela signifie que l'on est pauvre et déçu en amour. Le linge blanc, si l'on en est vêtu, présage la mort ; le linge coloré, l'éloignement ; les manteaux, un amour gai ; les robes, un cadeau. 24, 71.

LION. Si vous rêvez de voir le roi des animaux, et s'il a l'air doux et gentil, cela indique que vous vous élèverez facilement dans le monde à une meilleure position que celle que vous occupez maintenant ; rêver d'un lion en colère et rugissant, qui essaie de vous atteindre, indique que, bien que vous puissiez vous élever dans la position, des gens jaloux vous ennuieront et essaieront de vous faire du mal. 14.

> *Rêves de lions, d'ours, de taureaux, d'abeilles,*
> *Nids de guêpes ou de frelons, ces*
> *Sont des emblèmes par lesquels s'expriment*
> *La discorde avec ceux que vous aimez le mieux.*

LIQUEUR. Si vous rêvez de voir de grandes quantités d'alcool, ou d'acheter du brandy, du rhum, du whisky, etc., cela annonce la pauvreté et la disgrâce ; rêver d'en boire est la même chose, mais en pire si possible. 2.

LIRE. Rêver que vous lisez, indique que vous réussirez dans vos amours ; dans le commerce, c'est particulièrement propice ; mais s'il vous semble pénible ou désagréable de lire, cela signifie que vous ne réussirez pas sans effort, 65, 2.

LIT. Rêver qu'on est couché dans un lit, signifie qu'on est en danger ; être couché et ne pas pouvoir dormir, maladie ; voir un étranger dans son lit, amène des querelles dans la vie conjugale ; un lit bien fait, montre qu'on s'établira dans la vie. 63, 9.

LIVRES. Lire des livres sérieux, c'est faire preuve d'honneur et de rang dans la vie ; lire des livres lascifs, c'est la honte et le déshonneur. 4.

LOTERIE. (*Voir Prix.*)

LOUCHEMENT. Si une jeune fille rêve qu'elle voit un beau jeune homme qui louche, c'est le signe que quelqu'un est tombé amoureux d'elle et n'attend qu'une occasion pour manifester sa passion. Si un gentleman rêve que sa dulcinée louche, cela annonce qu'elle pense à quelqu'un d'autre plutôt qu'à lui, et qu'elle ne se briserait pas le cœur s'il refusait de « venir prendre le thé ». 49.

LOUPS. Si une fille rêve qu'elle est effrayée par un loup, cela signifie que son amant (si elle en a un) est un mauvais homme et qu'elle ferait mieux de s'en débarrasser ; si elle n'a pas d'amant, un homme au cœur noir essaiera de faire sa connaissance. 45.

LOYER. Rêver que vous payez votre loyer annonce que vous recevrez de l'argent de façon inattendue ; mais si vous rêvez que vous le devez, sans avoir l'argent pour le payer, et que vous êtes inquiet en conséquence, cela annonce une perte de biens. 3.

LUMIÈRE. Rêver que l'on voit une grande lumière est un heureux présage ; cela indique que l'on atteindra les honneurs et que l'on deviendra riche ; en amour, cela indique un amour d'un tempérament aimable. 8, 70, 2.

LUNE. Rêver d'une nouvelle lune aux cornes pointant vers le haut est un signe de richesse : si les cornes pointent vers le côté ou vers le bas, cela annonce la pauvreté : voir une pleine lune dans votre rêve dénote un mariage économe et heureux : une demi-lune annonce la perte d'une femme ou d'un mari par la mort ou l'abandon. Rêver de voir une demi-lune est fatal pour les amoureux. 19, 18.

LUNETTES. Rêver que l'on porte ces lunettes pour protéger les yeux est un signe que l'on verra quelque chose de désagréable. Si un amoureux fait un tel rêve, il aura tendance à voir un jeune homme faire l'amour ou dire des choses douces à sa bien-aimée. 45, 3.

LYS. Si vous rêvez d'une abondance de ces belles fleurs dans votre jardin ou dans la cour de votre maison, cela présage que vous aurez de la chance d'obtenir des serviteurs ou des gens qui travailleront pour vous ; cela dénote aussi de l'économie en général dans une ferme. Si une jeune fille rêve de lys, c'est le signe qu'elle épousera un homme intelligent et travailleur et qu'elle vivra heureuse avec lui. 61.

MALADE. Rêver que l'on est malade et confiné à son lit est un signe que quelqu'un va vous dépasser dans un marché, ou vous tromper d'une manière ou d'une autre. Un tel rêve est un mauvais présage pour les amours, car il prédit de faux vœux. 16, 38.

MALADIE. Si vous rêvez que vous avez sur vous une maladie contagieuse ou fétide, cela présage chance et profit, car un tel rêve va à l'encontre. 18, 2.

MALADIE. Si vous rêvez que vous avez eu une longue maladie et que vous êtes en train de vous rétablir, cela annonce de la malchance et des difficultés. Si vous imaginez que vous êtes malade et que vous allez mourir, le présage est inverse, car une bonne fortune vous attend : si une jeune fille rêve qu'elle est malade et que son amant lui rend visite, cela annonce une cour harmonieuse et un mariage heureux. 2.

MALCHANCE. Rêver que vous avez un malheur dénote la chance et le succès : ainsi, rêver de la perte d'argent est un signe que vous en obtiendrez : si vous imaginez que votre maison est brûlée, vous réussirez dans une spéculation : si vous rêvez d'être volé, cela prédit un héritage ou la découverte de quelque chose de précieux, etc. 41.

MAIN. Si vous rêvez que votre main droite est blessée, ou qu'elle a un problème quelconque, cela indique que vous serez bientôt appelé à aider un ami dans la détresse ; s'il s'agit de votre main gauche, on vous demandera de l'aide pour un étranger malheureux. 22, 78.

MAÏS. Rêver que l'on voit des épis de maïs et qu'on les ramasse, signifie profit et richesse ; rêver que l'on voit des piles de maïs, signifie richesse et abondance pour le rêveur ; et au contraire, en voir une petite quantité, dénote la pauvreté. 69.

MAISON. (*Voir Réparer.*) Rêver que vous construisez une maison indique que vous aurez une vie confortable : brûler votre maison signifie une richesse accrue : rêver que vous renversez de l'eau dans une maison est un signe de soin et d'affliction : rêver que vous voyez une maison s'écrouler indique la mort. Rêver que l'on construit des maisons, que l'on porte de beaux vêtements et que l'on s'entretient avec des dames est un signe que l'on se mariera soudainement. 47, 66.

MANGER. Si vous rêvez que vous mangez un bon repas avec délectation, cela présage de bonnes récoltes pour un fermier, et des affaires fructueuses pour n'importe qui. 70, 14.

MANŒUVRES. Rêver de personnes mal élevées, qui vous importunent par leur maladresse et leur conduite égoïste, indique que vous allez bientôt partir en voyage, et que vous serez présenté à un imbécile. 6, 65.

MARCHE. Rêver que l'on marche dans un endroit sale et boueux, prédit maladie et contrariété : en amour, cela dénote mauvaise humeur et déception. 47.

MARCHÉ. Rêver que vous êtes dans un grand marché, où l'on vend toutes sortes de viandes et de légumes, est un signe que vous aurez besoin d'argent qu'il sera difficile et peut-être impossible d'obtenir ; c'est un mauvais signe pour les commerçants et autres personnes qui ont des billets à payer. 31, 9.

MARIAGE. Si quelqu'un a le malheur de rêver qu'il ou elle a assisté à un mariage heureux et joyeux, cela indique qu'il ou elle assistera à des funérailles ; ce ne sera pas nécessairement à l'enterrement de l'une ou l'autre des personnes que vous avez rêvé de voir mariées, mais vous serez sans aucun doute appelé à pleurer un ami ou un parent. Rêver que l'on se marie soi-même, c'est prédire sa mort. 2, 78, 42.

MARIAGE. Si vous rêvez que vous assistez à un mariage joyeux, c'est le signe d'un enterrement : si vous rêvez que vous embrassez la mariée, cela annonce la mort d'un ami cher ou d'un parent. Dans un vieux livre de rêves, publié en 1808, il est dit que rêver que l'on embrasse la mariée est un signe de sa propre mort, mais en me référant aux meilleures autorités, je trouve qu'il est nécessaire de rêver que la mariée soit elle-même la partie qui embrasse, et qu'un baiser impressionnant de sa part à cette occasion dénote la mort de la personne embrassée. 42, 78, 2.

MARMOTTE. Rêver d'attraper l'un de ces animaux, c'est le signe que vous serez volé, et que le voleur sera découvert : si vous imaginez que vous tuez la marmotte, vous récupérerez probablement votre bien volé. 36, 19.

MARTEAU. Rêver que l'on voit ou que l'on entend un marteau, indique que l'on est économe envers l'un de ses amis ; si l'on se sert soi-même du marteau, cela indique que l'on aura de la chance. Un marteau est un bon article pour rêver. 3.

MASQUE. Rêver que l'on voit une personne portant un masque est un signe d'hypocrisie ; pour l'amant, cela montre que sa chérie aime quelqu'un de mieux que lui ; pour une fille, cela signifie que son amant est fiancé à une autre. Pour les gens mariés, il présage l'infidélité à l'alliance. 46, 8.

MASTIC. Rêver de mastic est un signe de pauvreté : boucher des trous annonce des pertes - plus le trou est grand, plus la perte est importante. Si vous mettez du verre dans une fenêtre avec du mastic, cela prédit que vous déménagerez bientôt dans un endroit plus modeste que celui que vous occupez actuellement. 6, 4.

MAUX DE DENTS. Rêver que l'on a mal aux dents est un signe d'ennuis : si l'on imagine que l'on va se faire arracher la dent, cela annonce que les ennuis prendront fin par un coup de chance ; et si l'on rêve que la dent est sortie et qu'on la tient à la main, on gagnera bientôt une bonne somme d'argent. 8, 5, 34.

MÉDICAMENTS. Prendre des médicaments prédit la pauvreté, donner des médicaments à quelqu'un, le gain. Dans un livre de rêves publié en 1751, on trouve cette prédiction : « Si quelqu'un fait le rêve qu'il prend beaucoup de médicaments, cela annonce une mauvaise vie et une querelle avec le médecin ; mais une vierge qui fait ce rêve épousera le médecin d'abord, et la querelle ensuite. » 37, 8.

MÉCHANCETÉ. Rêver que l'on est traité de façon méchante et minable par quelqu'un est un signe que l'on va recevoir des honneurs inattendus. Si une fille rêve que son amant s'est comporté méchamment, elle peut être sûre qu'il fera quelque chose pour forcer son admiration. 9, 50, 51.

MÉGÈRE. Si un homme rêve qu'il a une femme grondeuse et mégère, c'est le signe qu'il aura de la chance dans tout ce qu'il entreprendra : si un amoureux rêve que sa bien-aimée le gronde, c'est le signe que son amour est fort et inaltérable. 65, 16.

MELONS. Rêver de melons mûrs et beaux est un excellent présage, car cela annonce une bonne santé, de la chance et beaucoup de bonheur. Une pastèque pleine de graines noires indique que l'on va vous payer beaucoup d'argent. Si une femme mariée en rêve, cela lui promet de nombreux enfants. 46.

MENDIANT. Rêver qu'un mendiant vous importune, c'est un signe de malheur ou de malchance. A une jeune fille qui a un prétendant, il prédit que si elle l'épouse, elle sera pauvre. 26.

MENSONGE. Rêver que l'on ment sur une femme, c'est le signe que l'on embrassera une noire ; rêver que l'on ment sur ses affaires, c'est le signe qu'un homme de couleur vous volera : les mensonges en général, imaginés dans les rêves, dénotent soit des blessures, soit des caresses de la part des gens de couleur. 14, 64.

MENTEUR. Rêver que quelqu'un vous offense en mentant, ou en diffamant votre famille par des mensonges, est un signe que vous recevrez un bénéfice des mains d'un étranger. 36.

MER. Rêver d'aller en mer dans un navire ou un bateau à vapeur, est un signe que vous serez chanceux dans les affaires d'argent : les tempêtes et les périls en mer annoncent des difficultés qui peuvent être surmontées : si vous rêvez que vous avez le mal de mer, cela dénote une santé continue. Si une jeune fille rêve qu'elle part en mer et qu'elle fait un voyage agréable, c'est qu'elle se mariera richement et qu'elle aimera son mari ; mais les tempêtes et les périls annoncent des querelles avec lui. 6.

MÈRE. Si vous rêvez que vous vous disputez avec votre mère, c'est le signe qu'elle fera quelque acte de générosité, ou qu'elle vous accordera un bienfait qui vous fera plaisir : rêver que vous caressez votre mère, c'est l'ombre de sa perte par la mort, ou que vous serez séparé d'elle : si vous rêvez qu'elle vous fait un cadeau, le rêve se réalisera au point qu'elle vous offrira probablement un nouveau frère ou une nouvelle sœur. 46, 34.

MESSE. Rêver d'aller à cette célébration religieuse, c'est le signe que quelqu'un va vous tromper ou voler votre maison. Si une fille rêve de cela, qu'elle veille à ce que son amant ne se révèle pas être une crapule sans valeur. 13.

MÉTAUX. Rêver de métaux a une signification et une interprétation différentes selon le métal dont on rêve. Pour permettre à nos lecteurs de découvrir plus facilement la signification de leurs rêves, nous joignons une liste des métaux avec leurs explications.

LAITON. Rêver que vous voyez un ornement en laiton, est un signe que votre bien-aimé sera faux pour vous. Voir quelqu'un travailler le laiton ou nettoyer ce métal est un signe que vous apprendrez la mort d'un parent éloigné qui vous laissera un héritage. 43, 11.

CUIVRE. Rêver de cuivre, signifie que votre amoureux est fourbe et en aime un autre, cela montre aussi des ennemis secrets. 54, 8, 40.

OR. Rêver que l'on reçoit de l'or est un bon signe, et montre que l'on réussira dans toutes ses entreprises. Rêver que l'on paie de l'or signifie que l'on a de plus en plus d'amis. 49, 7.

FER. Rêver que l'on se blesse avec du fer signifie que l'on recevra des dommages. 44, 5.

LE PLOMB. Rêver de plomb indique une maladie, mais rêver de balles de plomb est une bonne nouvelle. Si vous rêvez que vous êtes blessé par une balle de plomb, c'est un signe que vous aurez du succès en amour. 49, 50.

MERCURE. Rêver de ce métal est un signe que vos amis seront tous faux avec vous, c'est aussi un signe de perte de biens. 49, 19.

ARGENT. Rêver que l'on vous présente des cuillères ou tout autre objet en argent à usage domestique, annonce que vous ou un proche parent vous marierez sous peu ; si vous rêvez d'acheter ces objets, c'est un signe de pauvreté ; rêver de dollars en argent ou de barres d'argent utilisées dans le commerce, est un signe que vous gagnerez de l'argent, soit par un héritage, soit par la spéculation. 49, 6.

ACIER. Briser un morceau en rêve, indique que vous vaincrez vos ennemis ; si vous ne faites que le toucher, votre position dans la vie est assurée ; si vous essayez de le plier, et que vous n'y arrivez pas, vous rencontrerez de nombreux et graves accidents. 41, 50.

ÉTAIN. Rêver d'étain est de bon augure et signifie que vous épouserez une femme riche et que vous gagnerez de l'argent dans les affaires. 41, 8.

ZINC. Rêver de ce métal dénote le bonheur et la prospérité du rêveur. Pour les amoureux, c'est un signe de succès dans les relations amoureuses. 48.

MIEL. Ce rêve indique que vous aurez une vie longue et heureuse. Si vous rêvez que vous mangez du miel, cela signifie qu'il se passera quelque chose qui vous donnera beaucoup de joie ou de plaisir. Pour une jeune fille, c'est un signe qu'elle aura bientôt un amant qui lui plaira. 49, 3, 1.

MINISTRE. Si vous rêvez que vous voyez le ministre ou le premier magistrat d'un État, cela présage qu'il vous arrivera bientôt quelque chose d'agréable ; si vous lui serrez la main et qu'il vous sourit, le rêve est d'autant meilleur qu'il prédit que des honneurs vous seront conférés. 10, 11.

MIROIR. Rêver d'un miroir est de mauvais augure et signifie que vous serez entouré de faux amis qui vous voleront jusqu'à ce que vos biens soient réduits à l'état d'ombre. Rêver que l'on voit son visage dans un miroir est un signe de maladie. Briser un miroir est un présage de mort. Si une jeune fille rêve qu'elle voit son amant dans un miroir, c'est le signe qu'il l'abandonnera ou la séduira. 18, 61.

MOISSON. Rêver de moissonner du grain est un excellent présage, car il annonce l'économie et l'abondance, ainsi que l'abondance d'argent en or ; cela s'applique à un champ prolifique de grain jaune mûr ; si le grain est maigre et a l'air rouillé, le signe est tout à fait différent, car il trahit la pénurie et l'indigence. 4, 11, 44.

MONTAGNE. Rêver d'approcher de belles montagnes à l'aspect lisse, vêtues de verdure, dénote l'économie et le bonheur, et que vous vous élèverez dans le monde : si les montagnes ont l'air escarpées, rugueuses et rocheuses, cela annonce des difficultés et des dangers, que vous pourrez surmonter à force d'énergie : rêver que vous réussissez à gravir une montagne, est un signe certain que quelque honneur vous attend, ou que vous ferez beaucoup d'argent : les difficultés de l'ascension indiquent des ennuis et des contrariétés dans l'obtention de vos honneurs ou de votre argent. 64.

MONTGOLFIÈRE. Signifie que vous entreprendrez beaucoup de choses visionnaires dans les affaires, et que le succès ne sera pas au rendez-vous. 46.

MONTRE. Si vous rêvez d'acheter une montre en or, c'est un signe de pauvreté ; mais si vous imaginez qu'on vous en offre une, c'est un présage de chance et d'argent : rêver que vous perdez votre montre en or est aussi un bon présage, car cela dénote le succès dans les affaires. 42, 11.

MORSURE. Rêver que l'on est mordu annonce beaucoup de jalousie et de chagrin. 15, 19.

MORT. Rêver que l'on voit la mort, dénote le bonheur et une longue vie ; que l'on se marie rapidement ou que l'on assiste à un mariage. Rêver que l'on voit une autre personne morte, dénote des nouvelles précipitées de la part d'amis. 61, 4.

MORT-NÉ. Si une femme rêve qu'elle accouche d'un enfant mort-né, cela présage que son prochain enfant sera d'une luminosité peu commune : une femme sans enfant qui rêve cela, réalisera ses espoirs les plus chers. 49, 77.

MOUCHES. Rêver d'un essaim de mouches indique que vous avez beaucoup d'ennemis ; cela indique aussi que votre amoureux n'est pas sincère et ne se soucie guère de vous ; rêver que vous les tuez est de très bon augure ; cela indique le succès en amour et dans le commerce. 21, 49.

MOULIN. Si vous rêvez d'aller dans un moulin à farine, où vous voyez beaucoup de grain et de farine, c'est un bon présage, car cela annonce l'économie et l'abondance ; mais imaginer dans votre rêve que vous êtes dans une manufacture de tissus appelée moulin, est un signe de pauvreté et de manque. Les jeunes filles qui travaillent dans de tels endroits devraient veiller à ne jamais rêver de cela. 55.

MOUSTACHES. Si un homme rêve qu'il a des moustaches ou une barbe très longues, cela prédit qu'il commettra quelque folie en relation avec une femme ; pour un homme marié, cela montre qu'il paraîtra ridicule en négligeant sa femme et en s'occupant d'autres femmes qui le flattent ; pour un célibataire, qu'il perdra son rang par une conduite insensée, mais peut-être pas criminelle, à l'égard de filles idiotes. 78.

MOUTARDE. Rêver de moutarde ou de graines de moutarde est un mauvais présage, et prédit la maladie et peut-être la mort. Rêver que vous mangez de la moutarde est un signe que votre amoureux ou amoureuse vous trompe. Pour les personnes mariées, ce rêve indique des querelles domestiques. 4.

MOUTONS. Rêver de grands troupeaux de moutons est un signe d'économie et d'abondance, en particulier pour les agriculteurs, à qui le présage promet de grandes récoltes : si beaucoup de moutons ont de jeunes agneaux, cela prédit le bonheur domestique et une excellente récolte d'enfants. 12, 5, 60.

MUET. Si vous rêvez que vous êtes muet, ou que l'un de vos amis qui parle est ainsi affligé, cela présage une maladie ou un malheur. Mais si vous rêvez qu'un sourd-muet de votre connaissance parle, cela présage de la joie et de l'allégresse pour un événement qui va se produire. 14.

MULÂTRE. (*Voir Noir.*) Voir un mulâtre en train de dormir porte chance ; une femme mulâtre, une maladie dangereuse. 4, 11, 44.

MULE. Rêver de monter ou de conduire une mule est un signe de célibat : les messieurs et les dames qui font ce rêve peuvent calculer sans risque qu'ils resteront célibataires jusqu'à la fin de leur vie, à moins qu'un rêve plus vif et de bon augure ne vienne contrebalancer l'influence de ce rêve. Si des personnes mariées rêvent de mules, cela annonce qu'elles n'auront pas d'enfants. 4, 51, 66.

MURS. Rêver que l'on marche ou que l'on grimpe sur des murs indique une entreprise dangereuse, des ennuis et des contrariétés. Si l'on descend sans que le mur ne tombe ou que l'on ne se blesse, on réussira ; sinon, on sera déçu. 71, 4.

MÛRES. Rêver de mûres indique pour la jeune fille un mariage heureux ; pour les mariés, l'affection et la constance. 64, 70, 3.

MUSIQUE. (*Voir Chant.*) Rêver d'entendre de la musique douce dénote la joie et le bonheur. Si une fille qui a un amant rêve cela, il la surprendra soit avec un cadeau splendide, soit avec une invitation à aller quelque part où elle sera ravie et s'amusera beaucoup. 74, 18.

MYRTE. Rêver de myrte, c'est le signe que vous recevrez une déclaration d'amour. Pour les personnes mariées, cela signifie le bonheur domestique. 3, 11, 33.

MYRTILLES. Si une jeune fille rêve qu'elle cueille ces baies en abondance, c'est le signe qu'elle se mariera très jeune et qu'elle aura un bon mari, même s'il n'est pas riche ; si elle rêve qu'elle mange des baies, c'est qu'elle est en bonne santé. 69, 30.

NAGE. Si vous rêvez que vous nagez ou que vous vous baignez dans l'eau claire avec des femmes, cela prédit que vous épouserez bientôt celle de votre choix, surtout si elle est présente ; et rêver que vous êtes nu et que vous nagez dans l'eau claire, est un signe d'excellente chance dans les affaires. 54, 18.

NAIN. Si une femme célibataire rêve qu'elle voit un homme très petit ou un nain, cela indique que son mari sera un homme très grand, ou qu'il aura une grande intelligence. Si un homme célibataire fait ce rêve, c'est le signe qu'il épousera une femme grondeuse. Si une personne mariée rêve de nains, cela signifie que ses enfants lui causeront beaucoup d'ennuis.

NAISSANCE. (*Voir Mort-né.*) Rêver d'une naissance est bon pour un homme pauvre ; pour les malades, cela indique la mort. 18, 42.

NAPPE. Rêver d'une nappe sale prédit que vous aurez beaucoup à manger. 51.

NAVETS. Rêver de navets signifie la découverte de secrets et de querelles domestiques. 29, 52.

NEIGE. Si vous rêvez que le sol est couvert de neige blanche et propre, c'est un signe de joie et de plaisir : si vous marchez dans la neige, cela annonce que vous ferez un voyage agréable ; si vous en mangez, c'est un signe de santé : si la neige est sale ou fondue par plaques, vous aurez des ennuis, mais ils ne seront pas très importants. Rêver d'une tempête régulière, c'est le signe que vous aurez beaucoup de succès dans vos amours et vos affaires. 21, 67, 46.

NETTOYAGE. Si vous vous lavez dans de l'eau claire et froide, le rêve est de bon augure ; mais si l'eau est sale ou trouble, c'est l'inverse. Si une femme rêve qu'elle lave du linge, c'est un signe qu'elle recevra de bonnes nouvelles dans les vingt-quatre heures. 20, 16.

NEZ. Rêver de personnes au grand nez est généralement de bon augure, car ces personnes sont généralement intelligentes et énergiques. Rêver de nez retroussé est le signe d'une querelle, ou que vous serez maltraité par quelqu'un. 48.

NEZ QUI SAIGNE. Le rêve d'une hémorragie nasale signifie la perte de biens et le déclin de la richesse ; pour une jeune fille, il annonce la perte de son amant. 75, 19, 5.

NIAGARA. Comme tout le monde a entendu parler de cette grande chute d'eau, et que des multitudes l'ont vue, il n'est pas étrange que beaucoup de gens rêvent d'y aller : un tel rêve est un signe que vous serez gêné en compagnie par une sensation quelconque, une vessie trop pleine. 13, 49, 6.

NOBLESSE. Si quelqu'un est assez fou pour rêver qu'il a été créé duc, comte, ou qu'on lui a conféré un brevet de noblesse, c'est un signe d'insouciance et de pauvreté. Si une jeune fille rêve qu'un seigneur est amoureux d'elle, elle aura tendance à épouser un homme sans fortune et dans le besoin. 21, 19.

NOIR. Rêver qu'on est effrayé ou assailli par un noir est un bon signe, car cela indique la sécurité : si le noir vient vers vous d'une manière agréable et plaisante, cela indique que vous allez subir une perte ou être volé : voir un noir souriant et agréable dans votre rêve, présage des problèmes à cause de la conduite d'une personne dépendante. 32.

NOISETTES. Rêver d'elles indique la richesse et le bonheur ; pour l'amoureux, le succès et un amour bienveillant. 37, 16.

NOIX. Rêver de noix indique la richesse et le bonheur ; à l'amoureux, le succès ; si vous les ramassez, c'est un bon présage ; mais si vous les cassez, c'est défavorable. 48, 6.

NOMBRIL. Si vous rêvez que votre nombril est déformé ou qu'il a un aspect bizarre, c'est un signe de malheur en rapport avec le sexe opposé, à moins que vous ne soyez marié, auquel cas cela dénote la naissance d'un enfant : pour les personnes non mariées, faire de tels rêves annonce des problèmes et de la disgrâce. 35, 17.

NONNE. Si une jeune fille rêve qu'elle voit une nonne à l'allure sobre, c'est un signe de célibat ; si elle imagine qu'elle parle à la nonne, elle peut s'attendre à être une vieille fille ; si un jeune homme rêve cela, cela prédit qu'il soupçonnera sa bien-aimée de ne pas lui être fidèle, et probablement qu'il l'abandonnera tout à fait. 29, 65.

NOURRICE. Rêver de voir une nourrice allaiter un enfant est un signe de vénalité : pour un homme marié, cela annonce qu'il rompra ses vœux de mariage ; et pour les filles non mariées, cela dénote de la honte. 7, 9, 63.

NOURRISSON. (*Voir Enfant.*) Rêver d'un nourrisson est un excellent présage, car il annonce la joie et l'allégresse, la chance et le succès en général. Les amoureux qui font un tel rêve peuvent être sûrs d'un mariage heureux et économe. Pour un homme d'affaires, ce rêve prédit une nouvelle entreprise couronnée de succès. 29, 76.

NOYADE. (*Voir Eau et Réanimation.*) Rêver que l'on se noie, ou que l'on voit un noyé, est de bon augure pour le rêveur ; pour l'amoureux, des amours de bonne humeur et le mariage ; mais pour une fille, c'est un signe qu'elle doit garder un œil sur son amant. 54, 18, 1.

NUAGES. Rêver de nuages blancs signifie la prospérité, les nuages qui s'élèvent au-dessus de la terre indiquent les voyages, le retour des absents et la révélation des secrets ; les nuages rouges et enflammés indiquent une mauvaise issue des affaires ; les nuages sombres et obscurs, des obstructions en amour 47, 8.

NUDITÉ. Rêver que l'on voit un homme nu signifie peur et terreur ; rêver que l'on voit une femme nue signifie honneur et joie, à condition qu'elle ait le teint clair et qu'elle soit belle ; mais si elle est difforme, vieille, ridée ou autrement mal faite, et noire de surcroît, cela signifie honte, repentir et malchance. Si une femme rêve qu'elle voit son mari nu, cela signifie qu'elle réussit dans ses entreprises et qu'elle a un bon nombre d'enfants. 14.

NUIT. (*Voir Étoiles.*) Rêver d'une belle nuit claire où les étoiles brillent, indique que vous aurez une vie longue et heureuse et que vous réussirez dans toutes vos entreprises. Rêver que vous êtes en train de faire la cour à votre bien-aimée pendant une telle nuit montre qu'elle est sincère avec vous. Rêver d'une nuit nuageuse présage des désastres dans les affaires, et rêver d'une nuit orageuse indique la maladie. 5, 19.

OCÉAN. (*Voir Mer.*)

ŒIL. Si vous rêvez que vous voyez une personne avec un œil défectueux, cela indique une déception : voir un œil qui louche dans votre rêve, indique que vous serez vaincu ou contrarié dans une entreprise. Rêver que l'on a les yeux défectueux ou que l'on louche est un signe certain de malchance : des yeux douloureux indiquent la maladie, la cécité, la mort ou la tromperie. 66, 49, 78.

ŒUFS. Si les personnes mariées rêvent d'œufs, c'est le signe qu'elles auront beaucoup d'enfants. Si une femme nouvellement mariée rêve qu'elle trouve un nid plein d'œufs, cela prédit que son premier enfant sera des jumeaux ou des triplés. Si une jeune fille fait un tel rêve, c'est le signe qu'elle se mariera bientôt ou qu'elle sera en état de devenir une épouse. 4, 47.

ŒUFS D'OISEAUX. Rêver que l'on en trouve un est un bon signe ; rêver que l'on en trouve un sans œufs ni oiseaux indique que l'on sera très déçu. 64.

OFFICIER. (*Voir Police.*) Rêver qu'un officier militaire est en votre compagnie annonce la mendicité et la disgrâce. Si une jeune fille rêve qu'elle a un tel homme pour amant, elle peut calculer que son premier prétendant sera un pauvre bougre, sans aucune importance. 70, 28.

OIES. Rêver de ces oiseaux est généralement de bon augure : si vous les voyez se nourrir tranquillement, cela dénote le succès et le plaisir dans vos entreprises ; mais s'ils sont alarmés et caquettent, cela annonce des ennuis et des désagréments, mais rien qui ne puisse vous affecter sérieusement. 15, 69.

OIGNONS. Rêver de ce légume, c'est un signe de chance et de malchance : si vous en mangez, vous recevrez bientôt de l'argent ; votre amoureux sera fidèle, mais contrarié, et vous aurez un différend ; si vous jetez des oignons, c'est le signe avant-coureur d'un malheur ; en amour, des querelles ; en commerce, des oppositions. 5, 8, 48.

OISEAUX. Rêver d'oiseaux est bien meilleur pour les riches que pour les pauvres ; rêver de petits oiseaux, le contraire ; rêver que l'on entend des oiseaux gazouiller est un bon signe ; voir des oiseaux se battre, signifie adversité ; voir des oiseaux voler au-dessus de sa tête, signifie préjudice de la part d'ennemis. 14, 77.

OLIVIER ou OLIVE. Indique la victoire et le plaisir ; pour les mariés, l'héritage et les enfants ; pour les célibataires, le mariage. 71, 13, 1.

ONGLES. Rêver qu'on a les ongles plus longs que de coutume, signifie profit, et le contraire, perte : rêver qu'on vous coupe les ongles, signifie perte et disgrâce, et dispute avec des amis et des relations. Si l'on rêve qu'on s'arrache les ongles, on est menacé de misère et d'affliction, et de danger de mort ; si l'on rêve qu'on se ronge les ongles, on est en proie à des querelles et à des dissensions ; si l'on rêve qu'on se coupe les ongles, on est en proie à une maladie persistante. 57, 8.

OPERA. Rêver d'aller à l'opéra est un signe que vous allez voyager : si vous entendez un nouveau chanteur qui vous ravit, cela prédit que vous ferez une nouvelle connaissance au cours d'un voyage : si une jeune femme fiancée rêve d'opéra, son voyage de noces est ainsi annoncé. 27, 55.

OPIUM. Rêver de cette drogue prédit la maladie et la pauvreté : si vous imaginez que vous voyez quelqu'un sous l'influence de l'opium et en danger de mort, cela prédit un malheur pour vous-même ou pour un proche parent. 64.

OR. Rêver que l'on reçoit de l'or est de très bon augure : cela dénote un succès dans vos entreprises actuelles, après avoir connu quelques petites difficultés. Si vous payez de l'or, cela signifie que vous augmentez le nombre de vos amis et de vos affaires. 49, 7.

ORANGE. Rêver qu'on a des oranges en abondance, c'est présager qu'on recevra autant d'or jaune ; si l'on rêve qu'on en mange, c'est une promesse de santé ; si l'on en donne à des amis, c'est présager qu'on sera honoré et estimé : si une jeune fille rêve que son amant lui présente de belles oranges, c'est qu'il lui apportera sans doute une fortune quand elle se mariera. 3, 12, 36.

OREILLES. Rêver qu'on a beaucoup d'oreilles dénote l'obéissance et l'empressement ; rêver qu'on les nettoie, de bonnes nouvelles ; qu'on se fait boxer les oreilles, de mauvaises nouvelles ; qu'on a de grandes oreilles, la prospérité et l'honneur ; qu'on les blesse ou qu'on les fend, l'offense et la trahison ; qu'on perd les oreilles, la perte de l'amitié ; qu'on perd l'ouïe, la trahison des secrets ; et, pour une femme, la ruine. 3, 19.

ORGUE. Rêver d'entendre la musique solennelle et enchanteresse d'un orgue d'église est un triste présage pour les jeunes filles, car cela annonce leur mort prématurée : si un gentleman rêve cela, cela indique la mort d'une jeune fille à laquelle il s'intéresse, et peut-être de sa dulcinée, s'il en a une. Rêver que l'on entend un air entraînant sur un orgue de rue est également un mauvais présage, car cela annonce que l'on assistera bientôt à un enterrement. 55, 3.

OURS. Rêver de voir un ours, ou des ours, est un signe que vous avez un ou plusieurs ennemis ; si un ours vous attaque, cela prédit que vous vaincrez votre ennemi. 68.

PAILLE. Rêver d'un fagot de paille indique l'abondance ; s'il est éparpillé, la pauvreté. 4, 51, 78.

PAIN. Rêver de pain est un excellent signe. Si vous en voyez beaucoup, le rêve est meilleur. Il prédit la bonne fortune à l'homme ou à la femme. Pour les amoureux, il prédit qu'ils feront un bon mariage et qu'ils seront bien lotis, voire riches. Aux agriculteurs, il promet des récoltes abondantes. 1, 15.

PANTALONS. Si vous rêvez que vous avez une nouvelle paire de pantalons, c'est un signe de prospérité ; s'ils ne vous vont pas et sont trop serrés, c'est un signe que vous serez pincé dans les affaires d'argent ; s'ils sont sombres, c'est un signe de longue vie, mais s'ils sont clairs, c'est un signe de maladie. Les jeunes filles doivent s'efforcer de ne pas rêver de pantalons, car un tel présage est très dangereux pour elles. 46, 8.

PANTHÈRE. Rêver que vous voyez un de ces animaux et que vous en êtes terrifié, indique que vous serez dégoûté de l'ingratitude d'un ami que vous avez servi : si, dans votre rêve, vous voyez une panthère apprivoisée et que vous la caressez, cela annonce que vous avez quelque personne ingrate dans votre foyer, (peut-être un serviteur) ou bien un ami au cœur trompé. 41.

PAON. Rêver de ce fier oiseau est un signe de pauvreté ; si vous imaginez qu'il déploie sa queue et exhibe tous ses atours, c'est encore pire. Si une fille rêve d'un paon, c'est qu'elle aura pour amant un imbécile à la tête vide, qui se révélera aussi pauvre qu'un rat. 65, 54.

PAPIER. Rêver de papier lisse est de bon augure ; mais s'il est froissé, il vous causera beaucoup de peine. Rêver de papier mouillé signifie que l'on a du succès dans les affaires d'amour. 21, 18.

PAPILLONS. Rêver que l'on voit des papillons voyants présage beaucoup de bonheur et de luxe. 46, 18.

PAPILLON DE NUIT. Rêver de papillon de nuit est un signe que quelqu'un vous vole, cela prédit également la calomnie d'un soi-disant ami. Rêver que l'on voit un papillon de nuit se brûler les ailes dans une flamme signifie qu'un ennemi va mourir. 22.

PARADE. Rêver d'un défilé de soldats, et que vous vous réjouissez de cette démonstration militaire, présage que quelqu'un vous trompera : pour un homme d'affaires, c'est le présage de pertes dues à de mauvaises dettes ou à un commerce terne : pour une jeune fille, c'est le présage d'un amant gai mais faux : pour une femme mariée, c'est le signe que son mari, bien qu'aimable, sera faux dans ses vœux. 58, 1.

PARAPLUIE. Si une jeune fille rêve qu'elle a un nouveau parapluie, cela annonce un nouvel amant. Si une femme mariée rêve cela, c'est le signe qu'un autre homme que son mari est amoureux d'elle. Un homme qui rêve qu'il achète un parapluie échappera de justesse à un danger qui le menace. 70, 30, 1.

PARASOL. Si une jeune femme rêve qu'elle a une nouvelle ombrelle, cela lui prédit un nouvel amant ; si elle imagine qu'elle a brisé son ombrelle, son amant (si elle en a un) la quittera ; sinon, un ami masculin, en qui elle avait placé sa confiance ou tiré un avantage, la laissera tomber : pour une femme mariée, rêver d'une ombrelle brisée est un très mauvais présage, car cela prédit la ruine de son mari. 34.

PARDON. Rêver qu'on demande pardon pour un délit est un mauvais présage en toutes circonstances, car cela annonce l'humiliation et la disgrâce : pour un criminel, imaginer en rêve que le gouverneur l'a gracié, est un signe que non seulement il ne sera pas gracié, mais qu'il souffrira beaucoup de remords et de malheur dans son emprisonnement. 19, 3, 40.

PARESSEUX. Rêver que l'on voit des paresseux se prélasser et que l'on est contrarié par eux, c'est un signe de malchance pour certains de vos proches, qui compteront sur vous pour les aider : si, dans votre rêve, vous vous imaginez paresseux et endormi par votre travail, cela annonce soit une maladie, soit une perte. 62, 39, 69.

PARFUM. Rêver de parfums agréables et délicats laisse présager des habitudes dévergondées chez une femme : si un amoureux rêve de parfums en rapport avec l'objet aimé, cela montre que lorsqu'il se mariera, il la trouvera dévergondée. Une fille qui rêve de cela aura tendance à avoir un amant indolent. 71, 1.

PARJURE. Rêver que quelqu'un vous blesse par un faux serment, ou par un parjure au tribunal, est un signe que vous découvrirez qu'un ami ou une connaissance est malhonnête, ou coupable d'un crime, ou d'une mauvaise conduite ; si une fille rêve cela, c'est un présage similaire relatif à son amant. 52.

PARIER. Rêver que l'on parie avec quelqu'un, indique que l'on souffrira de sa propre imprudence. 66, 12, 72.

PARTENAIRE. Si vous rêvez d'un partenaire particulièrement agréable et séduisant, cela signifie que vous vous disputerez avec quelqu'un du sexe opposé. Si un homme d'affaires rêve qu'il prend un partenaire, cela signifie qu'il sera victime d'un vol. 17, 38.

PATAUGER. Si une jeune fille rêve qu'elle patauge dans une eau claire, c'est le signe qu'elle se mariera bientôt et qu'elle sera ravie des étreintes de son mari ; si elle imagine que l'eau est grasse ou boueuse, cela présage qu'elle jouira des plaisirs d'un amour illicite. Si un homme rêve qu'il patauge, cela indique qu'il sera engagé dans une intrigue avec une femme - plus l'eau est profonde, plus la réalisation de ses souhaits est difficile : l'eau boueuse indique des femmes libres. 20, 16.

PATINAGE. Rêver que l'on patine sur une glace lisse, et que l'on glisse sans grand effort, est un signe de succès et de chance : si l'on patine avec des dames, cela présage que les affaires amoureuses se dérouleront bien ; si la glace est brisée ou grumeleuse, cela dénote des difficultés ; et si l'on imagine que l'on tombe, il est probable que l'on connaîtra un malheur ou que l'on aura de grands ennuis. 4, 7, 28.

PÂTURAGE. (*Voir Bétail.*) Rêver que l'on voit du bétail paître dans un vert et riche pâturage, c'est un présage d'économie et de richesse ; si l'herbe est brûlée par le soleil et qu'elle n'est verte que par plaques, et que le bétail a l'air maigre, c'est l'inverse ; et un tel rêve indique que les récoltes seront courtes pour les fermiers. Le fait de voir du bétail paître indique que vous serez chanceux ; pour l'amoureux, c'est un signe qu'il épousera une femme riche, et pour le commerçant, cela prédit une grande augmentation des affaires. 76, 10.

PAUVRE. Rêver que l'on visite une maison de pauvres et que l'on voit les pensionnaires est un signe pour une femme qu'elle aura beaucoup d'enfants, et pour un homme qu'il élèvera une famille nombreuse ; un tel rêve pour une jeune fille prédit qu'elle sera susceptible de devenir mère avant d'être femme. 21

PAUVRETÉ. Rêver de pauvreté est un signe de chance, mais si vous vous imaginez pauvre au point d'être obligé de mendier, cela présage que quelqu'un vous insultera ou vous blessera, mais que votre fortune ne sera pas entamée. 8, 2.

PÊCHES. Rêver de pêches jaunes, bien mûres, indique que vous obtiendrez autant d'or jaune, ce qui rend ce rêve splendide pour les chercheurs d'or : si les pêches dont vous rêvez sont très rouges, ou semblent petites et flétries, cela indique que votre or ne sera que de la moitié du cuivre, ou que votre chance ne sera pas très grande. 17, 1, 9.

PEINTURE. Rêver de peindre sa maison est un signe de maladie dans la famille, mais en même temps d'économie et de chance dans les affaires : si, dans votre rêve, vous voyez une maison blanche nouvellement peinte à l'extérieur, vous serez probablement bientôt appelé à assister à un enterrement : voir une maison d'une autre couleur nouvellement peinte, prédit que vous apprendrez la maladie d'un ami ou d'un parent : rêver de belles peintures de paysages, de portraits, etc. est un présage de malchance et de pauvreté. 22, 11, 5.

PELOUSE. Est un signe de mariage. 16, 18, 46.

PENDU. (*Voir Exécution.*) Rêver d'être pendu est un excellent présage, car cela annonce que vous deviendrez riche ou distingué. Si vous rêvez que vous allez être pendu, c'est presque aussi bien, car cela présage le succès dans toutes vos entreprises ; mais si vous imaginez que vous avez échappé aux officiers de la loi et que vous vous êtes évadé, c'est un mauvais présage, car cela prédit la déception et la malchance. La théorie de ces rêves est qu'ils fonctionnent toujours par contradictions. 10, 7, 6.

PÉNURIE. Rêver d'une pénurie de quelque chose est un signe qu'une partie de l'article rêvé est en route vers vous ; comme si un fermier rêvait d'une pénurie de foin, cela montre que sa prochaine récolte de foin sera très abondante ; ou si une jeune fille rêvait d'une pénurie de compliments, elle sera probablement submergée de compliments de la part de messieurs, lorsqu'elle se rendra en compagnie. 27, 9.

PÉPITE D'OR. Rêver qu'on trouve une grosse pépite d'or pur est un signe de richesse et d'honneurs. Les rêves relatifs à l'or ou à l'argent promettent toujours la bonne fortune. 4, 11, 44.

PÈRE. Rêver que l'on voit son père, c'est heureux ; le voir mourir, c'est malheureux et présage une maladie. 28.

PERLES. Rêver de ces pierres précieuses indique la pauvreté et la misère ; si une fille rêve qu'un amoureux lui offre un bijou serti de perles, cela montre qu'il ne sera jamais bien loti ; et si elle imagine qu'il lui offre un collier de perles, elle peut calculer avec certitude qu'il deviendra un homme misérablement pauvre. 56.

PERROQUET. Si une jeune fille fiancée fait un tel rêve, elle devrait examiner attentivement les antécédents de son amant avant le mariage, car cela indique qu'il n'est pas digne de sa confiance : le rêve peut cependant indiquer un autre flatteur. 15, 2, 33.

PERRUQUE. Rêver qu'on porte une perruque est un bon présage pour un célibataire chauve, car cela annonce qu'une dame a l'intention d'attraper le pauvre homme, et qu'elle n'hésitera pas sur les moyens à employer pour y parvenir : si un jeune homme rêve qu'il porte une perruque, c'est un signe qu'il couchera avec sa dulcinée avant de l'épouser. 3, 6, 69.

PERTES. Rêver qu'on perd son chapeau, c'est le signe qu'on divertira une grande compagnie, soit en faisant un discours, soit en attirant autrement leur attention ; rêver qu'on perd de l'argent, une montre, ou tout autre objet de valeur de ce genre, c'est prédire qu'on gagnera autant et peut-être plus que ce qu'on a perdu : si une fille rêve qu'elle perd ses lacets, elle sera embrassée par un jeune homme agréable ; tout article de vêtement qu'on rêve qu'on a perdu, montre qu'on s'habillera d'un nouveau vêtement. 47, 6.

PETIT DÉJEUNER. Rêver que l'on prend son petit déjeuner indique que l'on va faire quelque chose que l'on regrettera. 21, 4.

PETITE VÉROLE. Rêver que l'on est atteint de cette maladie est un présage de santé et de bonne fortune ; si un amoureux est assez peu glorieux pour imaginer que sa bien-aimée est ainsi atteinte, c'est le signe qu'il épousera une grande beauté ; si elle se trouve être une beauté, tout ira bien, bien sûr ; si ce n'est pas le cas, il devra se méfier du numéro deux. 41, 32.

PÉTRISSAGE. Rêver de pétrissage est un signe que vous devez être actif ; en amour, cela dénote l'oisiveté de votre bien-aimé ; si vous êtes dans le commerce, vous subirez des pertes. 31.

Rêver de pétrissage et de cuisson,
Cela signifie qu'une correspondance est en train de s'établir,

PEUR. Avoir peur signifie que l'on sera courageux à l'état de veille ; rêver que l'on fait peur aux autres montre que l'on est peu courageux. 68.

PIANO. Rêver d'entendre des airs agréables et vivants sur le piano, c'est un signe d'économie et de bonheur domestique ; mais si vous rêvez que vous achetez, ou que quelqu'un vous présente un piano, cela présage la pauvreté ; c'est un mauvais présage pour une fille de rêver qu'elle a un piano neuf. 72.

PIEDS. (*Voir Cors.*) Rêver de se laver les pieds, dénote des ennuis de quelque nature ; gratter ou chatouiller la plante des pieds, indique que vous serez flatté par quelqu'un à votre désavantage ; rêver de pieds sales prédit une maladie ou des ennuis ; si, dans votre rêve, vous imaginez que vos pieds sont couverts de cors, vous aurez de grandes richesses. 51.

PIÈGE. Rêver de poser un piège pour attraper des rats ou des souris est un signe, pour une fille, qu'elle recevra les attentions d'un amant malhonnête : si elle rêve d'en attraper, elle épousera probablement un grand scélérat, ou sera séduite par l'un d'entre eux. 6.

PIGEONS. Rêver de pigeons est un signe de satisfaction et de plaisir, et de succès dans les affaires. 39.

PIPE. Rêver que l'on fume la pipe est un présage de succès dans les affaires ; si la pipe s'éteint trois fois, c'est le signe que l'on subira des pertes. Rêver que l'on casse une pipe annonce une querelle qui nuira à vos perspectives. 49, 7, 9.

PIPEAU. Si une fille rêve qu'elle entend la musique stridente d'un pipeau, c'est le signe qu'elle aura bientôt un soupirant, et qu'il sera un jeune homme intelligent et désirable. 77, 5.

PIRATE. Rêver que l'on est capturé par des pirates est un signe que l'on voyagera dans des pays étrangers et que l'on fera fortune : si une jeune fille rêve cela, cela présage qu'elle épousera un étranger qui, en mourant, lui laissera une fortune. 6.

PIQUE-NIQUE. Si un jeune homme rêve d'aller pique-niquer dans les bois, c'est le signe qu'une sotte fille tombera amoureuse de lui : si une jeune fille rêve de cela, un vaniteux lui fera probablement des attentions et des compliments uniquement pour satisfaire sa propre vanité. 37, 12.

PIQURE. Si une dame rêve qu'elle se pique le doigt en cousant, elle doit le mettre dans sa bouche en se réveillant, et faire un vœu, et elle le réalisera dans un délai d'un mois, à condition qu'il ait trait à des questions d'amour : un vœu de toute autre nature se réalisera sans doute un jour ou l'autre, car le présage est excellent : si une dame rêve qu'elle se pique avec une épingle, le présage n'est pas aussi bon. (*Voir Épingle*)

PIQÛRE. Rêver d'être piqué par une abeille ou une guêpe, annonce un préjudice causé par des rapports injustes et scandaleux : une jeune femme qui rêve qu'une abeille la pique, verra probablement sa chasteté remise en question. 64, 18.

PLAIES. Rêver que son corps est couvert de taches, indique qu'une grande fortune lui tombera dessus. Avoir les bras pleins de plaies, indique un mauvais succès dans les affaires. 19, 74.

PLAINES. Rêver d'être dans une belle plaine signifie santé, bonheur et richesse, mais présage quelques travers en amour. 4, 12, 48.

Rêve d'errance dans les plaines,
Marcher dans les passages piétons et les voies de circulation,
Et d'être dans des bois épais, tout à fait perdu,
Déclarer que les amoureux seront croisés.

PLANTES. Rêver de plantes saines et florissantes est un bon présage, car cela annonce le succès dans la vie et des enfants intelligents : un tel rêve est excellent pour les amoureux, car il dénote un mariage précoce et heureux. 43, 14, 7.

PLÂTRE. Si une jeune fille rêve qu'elle a un emplâtre sur elle, c'est le signe que quelqu'un va lui faire une insulte, ou peut-être attenter à sa chasteté : si un homme rêve cela, il arrivera probablement la même chose à sa femme ou à sa bien-aimée. 72, 8.

PLOMB. (*Voir Métaux*).

POÊLE. Rêver d'un poêle est un signe de richesse, s'il y a du feu, mais s'il est froid, c'est un signe de pauvreté. 8, 60.

POÈTE. Si un jeune homme est assez stupide pour rêver d'écrire des poèmes, cela annonce la pauvreté ; et si quelqu'un rêve d'avoir un amoureux ou une amoureuse poète, c'est le signe qu'il tombera amoureux d'un imbécile. 64, 50.

POIGNARD. Rêver d'un poignard, c'est s'attendre à des nouvelles de personnes absentes, et votre espoir le plus cher se réalisera. 9.

POIGNET. Si une jeune fille rêve que son poignet est large ou mal formé, cela annonce qu'elle sera pauvre après le mariage ; si elle imagine qu'il y a une tumeur ou une enflure, ou même une verrue, c'est un signe qu'elle sera dépendante de quelqu'un pour son pain, et cette personne peut être ou ne pas être son mari. 7, 57, 19.

POIRES. Rêver de poires mûres et moelleuses, c'est présager une élévation dans la vie, des richesses, des honneurs et une constance dans l'amour. Si une femme enceinte en rêve, elle aura une fille. Rêver de poires non mûres, de poires étranglées, est un signe de malheurs et d'inconstance en amour. 33.

POIS. Rêver que l'on mange des pois verts est un signe de santé ; et si l'on imagine que l'on mange des pois secs concassés, cela annonce à la fois la santé et l'économie. Si vous rêvez que vous nourrissez un animal avec des pois secs, cela présage de la chance. 6.

POISON. Rêver qu'on vous empoisonne est un signe que vous vous trouverez en mauvaise ou indigne compagnie ; si vous imaginez qu'un ami ou une connaissance est empoisonné, c'est un présage semblable en ce qui le concerne ; si, dans votre rêve, vous pensez que quelqu'un vous a donné du poison pour vous assassiner, cela prédit qu'on vous fera une vilaine proposition. 3, 9.

POISSONS. Rêver d'attraper des poissons est un signe d'excellente fortune, surtout si vous en attrapez de gros ; si les poissons tombent de votre hameçon, cela prédit une fortune difficile. Si vous rêvez que vous pêchez sans en prendre, cela indique que vous échouerez dans une entreprise ou une spéculation ; pour un amoureux, c'est un signe qu'il obtiendra la main de son amante. Rêver que l'on voit des poissons en abondance, c'est prédire que l'on recevra de l'argent ou que l'on réussira à l'amasser. 14, 71.

POISSONS ROUGE. Rêver de ces beaux poissons est un signe de bonne fortune en général : si vous rêvez d'en attraper un gros, cela présage que vous recevrez bientôt une grosse somme d'argent : tout rêve concernant ces poissons est chanceux. 20, 6.

POIVRON. Rêver de cueillir des poivrons, c'est prédire aux gens mariés des enfants intelligents, s'ils en ont. Une fille qui rêve cela aura un homme intelligent pour amant, mais il ne l'aimera pas beaucoup, ni comme chérie, ni comme épouse. 9.

POIX. Rêver que l'on reçoit de la poix sur soi est un signe que quelqu'un vous a scandalisé en racontant des mensonges : une fille qui rêve cela peut être sûre que sa juste renommée a été mise en doute quelque part. 54, 14.

POLICE. Si une personne respectable rêve qu'elle est arrêtée par des policiers, c'est le signe que quelque honneur distingué lui sera conféré : si une jeune fille rêve que des policiers ont mis son amant en garde à vue, elle apprendra qu'il a progressé dans le monde. 46, 30.

POLITESSE. Rêver de personnes polies est un signe qu'un étranger vous rendra visite ou vous sera présenté : si une jeune fille rêve que son fiancé s'adresse à elle de façon rigide et formelle, cela annonce qu'elle aura bientôt un nouvel admirateur. 61.

POMMES, ou POMMIERS. (*Voir Verger.*) Si elles sont sucrées, elles indiquent la joie et le plaisir, en particulier pour les femmes et les jeunes filles. Les pommes aigres sont synonymes de dispute et de sédition. 4, 11, 44.

POMPE. Rêver d'une pompe est d'excellent augure : si vous rêvez de pomper de l'eau claire à partir d'une pompe, cela indique que vous aurez de la chance dans les affaires, ou dans une spéculation : pomper de l'eau sale est un signe de maladie. 29, 4, 20.

PONT. Rêver que vous traversez un pont, dénote la prospérité dans la vie et le succès en amour ; mais rêver que vous passez sous un pont, indique des difficultés dans la vie, tant en amour qu'en affaires ; si vous rencontrez des obstacles, soit sur le pont, soit sous le pont, cela prédit une maladie. Rêver qu'un pont s'effondre avec vous, indique une mort soudaine. 56, 2.

POP-CORN. Rêver que l'on mange du pop-corn avec délectation est un signe que l'on se mariera à un niveau inférieur à celui que l'on occupe dans la vie, ou bien que l'on recevra une nouvelle connaissance qui est bien en dessous de notre position, mais qui finira par commander notre estime. Pour une jeune fille instruite, un tel rêve prédit un mariage fugace. 2, 10.

PORC. Rêver de porcs bien entretenus et d'apparence heureuse est un bon présage, car cela annonce la chance et le succès ; mais si vous voyez des porcs maigres et affamés qui couinent, cela indique que toute spéculation que vous pouvez entreprendre à ce moment-là ne sera pas d'une grande utilité si elle ne se traduit pas par une perte. Rêver de voir des cochons est bon ; si vous êtes dans le commerce, vous aurez une grande augmentation dans vos affaires de l'étranger ; si vous êtes dans l'amour, votre amour est ainsi dénoté comme étant d'un bon caractère, fidèle et sincère pour vous, et que si vous vous mariez, vous deviendrez heureux. 4, 12, 48.

PORTEFEUILLE. Rêver qu'on trouve un portefeuille plein d'argent est un signe de richesse, mais s'il ne contient pas d'argent, cela annonce une déception : si l'on rêve qu'on perd son portefeuille, cela annonce le succès dans les affaires. 19, 78.

PORTER. Rêver que l'on porte quelqu'un d'autre est mieux que de rêver que l'on est porté ; être porté par une femme, un enfant ou un pauvre, signifie profit et succès ; par un riche, le contraire. 4, 44, 1.

PORTES. Rêver que l'on frappe à une porte et que l'on y entre, indique un succès dans ses entreprises ; si l'on n'y entre pas, c'est un désappointement. 16, 9.

PORTEUR DE CERCUEIL. Si un homme rêve qu'il est porteur de cercueil à un enterrement, cela signifie qu'il se mariera dans l'année qui suit ; s'il rêve qu'il voit des porteurs de cercueil, c'est qu'il sera invité à un mariage. 49, 6.

PORTRAIT. Rêver que l'on fait son portrait, c'est le signe que quelqu'un vous complimentera sur votre bonne mine ; mais si vous n'êtes pas satisfait et que vous pensez que c'est un mauvais portrait, le compliment ira dans le sens contraire, et l'on vous traitera d'affreusement laid derrière votre dos. 12.

POT. Rêver d'un pot vide est un signe que vous quitterez bientôt la maison ; un pot de petits poissons ou d'huîtres indique la réception d'argent ; un pot de spiritueux de toute sorte promet la pauvreté ; un pot de poudre prédit des malheurs ; un pot de peinture prédit que des compliments vous seront faits. 14.

POTENCE. Rêver d'une potence est de bon augure, car cela indique que vous aurez l'occasion de gagner de l'argent, et si vous êtes assez intelligent pour profiter de l'occasion, tout ira bien. Pour ceux qui se lancent dans de nouvelles entreprises, un tel rêve annonce le succès. 10, 7, 6.

POUCE. Si une jeune fille rêve que son soupirant lui fait mal en lui pinçant le pouce, c'est un signe que si elle l'épouse, elle devra gagner sa vie et l'aider à subvenir à ses besoins : pour un homme, rêver qu'il perd son pouce ou qu'il le blesse annonce la pauvreté - au contraire, rêver d'un gros pouce dénote une grande richesse. 36, 5.

POULE. Rêver d'une poule ou d'un poulet signifie des pertes dans le commerce et des tromperies en amour. 19.

POUPÉE. Si une fille rêve qu'elle a une nouvelle poupée qui lui plaît beaucoup, cela annonce une déception. 61.

POURRI. Rêver de choses pourries de toutes sortes (sauf les oeufs), prédit la maladie et la mort ; imaginer que l'on manipule des oeufs pourris, prédit la disgrâce. 35.

POUSSIÈRE. Si vous rêvez que vous êtes dans une pièce ou sur la route où la poussière vole de manière à vous étouffer, cela montre que quelqu'un complote pour vous blesser d'une manière ou d'une autre ou pour faire de vous une spéculation. 64, 2.

POUX. Rêver de poux indique la maladie et la pauvreté. 3.

PRAIRIE. Si vous rêvez que vous marchez dans une prairie verte et agréable, où l'herbe pousse régulièrement et semble lisse, c'est un excellent présage, car cela dénote de l'économie et de la chance en général. Pour un agriculteur, un tel rêve est un signe de bonnes récoltes et d'argent en abondance. Pour les amoureux, il annonce un mariage heureux et rapide. 72, 6.

PRÉSENT. Si une femme mariée rêve qu'on lui offre des fruits, cela indique qu'elle sera bientôt enceinte ; si une jeune fille imagine que son amant lui offre des bijoux en or, cela prédit qu'il convoite la possession de sa personne plutôt que de son cœur. 64, 21.

PRÊTEUR SUR GAGES. Si vous rêvez de mettre en gage vos biens chez un prêteur sur gages, à condition que vous n'ayez jamais fréquenté un tel endroit, cela présage que la fortune est sur le point de vous sourire et que, si vous profitez de la circonstance, vous deviendrez certainement riche. Pour les paresseux, un tel rêve n'a que peu d'intérêt. 4, 11, 22.

PRÊTRE. Rêver qu'un prêtre vous offre un service ou vous rend visite pour quelque raison que ce soit, est un signe que vous serez volé ; si vous rêvez que vous allez en consulter un, cela prédit qu'un malheur vous atteindra : tout rêve concernant un prêtre est mauvais. 39.

PRIÈRE. Rêver de prière, ou de se joindre à une prière avec d'autres, est un signe que vous demanderez une faveur à quelqu'un qui vous la refusera : si vous rêvez d'entendre des prières à l'église ou dans un lieu public, cela montre que l'on vous demandera de faire quelque chose que vous refuserez de faire, et que vous vous ferez ainsi un ennemi. 34, 77.

PRISON. Rêver que l'on est mis en prison, c'est présager que des honneurs vous attendent : mais ce présage ne s'applique pas aux coquins ou aux malhonnêtes, bien qu'un tel rêve de leur part favorise leurs désirs : si une fille rêve que son amant est allé en prison, elle entendra bientôt parler de son avancement. 46.

PRIX. Rêver que l'on tire un prix à la loterie est un signe de pauvreté et de misère : si vous rêvez que vous avez acheté un billet de loterie avec une majorité de nombres impairs, il se peut que vous ayez du succès avec ces nombres, mais les nombres pairs n'ont aucune valeur dans les rêves. Rêver d'obtenir des prix de quelque manière que ce soit est de mauvais augure. 4, 11, 44.

PROCÈS. Rêver que l'on intente un procès ou que l'on dépose une plainte criminelle contre quelqu'un, indique qu'un ennemi vous fera du tort pécuniairement, ou que vous perdrez de l'argent en spéculant ou en faisant du commerce ; si vous rêvez que l'on vous intente un procès ou que l'on vous poursuit au criminel, le signe est inverse ; vous recevrez probablement de l'argent de façon inattendue, ou vous connaîtrez un succès peu commun dans vos activités. 21, 8.

PROCESSION. Rêver de voir un long cortège militaire ou civique est un signe que certains de vos amis viendront à la pauvreté et demanderont votre aide ; si vous imaginez que vous êtes vous-même dans un tel cortège, cela prédit que vous ferez une perte ou que vous serez très à court d'argent. 2.

PROFIT. Si un homme rêve qu'il a fait un grand et généreux profit par une transaction ou une spéculation quelconque, cela présage des pertes et des désastres. 48, 16.

PROMESSE. Rêver de promesses non tenues de la part d'un ami, c'est le signe qu'il vous accordera un avantage : si une jeune fille rêve que son amant n'a pas tenu sa promesse de se marier, cela présage une exécution rapide de la cérémonie. 3.

PROPRIÉTÉ. Rêver de la perte d'un bien est un signe de chance, et vous pouvez calculer pour acquérir autant que vous avez rêvé qu'il était perdu, car de tels rêves fonctionnent toujours à l'inverse. 45, 1, 14.

PROSTITUÉ. Si un jeune homme rêve qu'il fréquente des prostituées, c'est un signe de pauvreté et de disgrâce ; s'il rêve qu'il voit ces filles quelque part, c'est un présage de malheur ou de malchance ; si une jeune fille en rêve, c'est un signe que sa chasteté est en danger. 35, 9.

PRUNES. Rêver d'une abondance de ce fruit est un signe de santé, mais on risque de perdre la vie par accident : si une jeune fille rêve qu'on lui présente des prunes, cela annonce sa mort prématurée. 36, 14, 77.

PUDDING. Rêver d'un pudding aux prunes cuit à la coque, ou d'un rouleau de pudding dur de n'importe quelle sorte, est un signe que vous serez invité à un dîner ; mais si vous imaginez que le pudding est mou et moelleux, cela prédit que vous irez à un divertissement où il y aura une dispute. 19, 70.

PUNCH. Rêver qu'on prépare ce breuvage ou qu'on le boit est un signe de pauvreté ou de disgrâce ; si une jeune fille rêve que son amant la traite au punch, elle ferait mieux de se débarrasser de lui immédiatement, car il se révélera sans aucun doute être un pauvre type sans ressources. 19, 32.

PUNITION. (*Voir Bâton.*) Rêver qu'on punit un enfant, c'est présager une bonne fortune pour la victime, et des honneurs pour soi-même. Si quelqu'un rêve qu'il est puni par le fouet, c'est un signe qu'il s'élèvera dans le monde ou qu'il sera honoré pour un acte quelconque. 7.

PUCES. Rêver que l'on est tourmenté par ces petits insectes, est d'un genre défavorable ; des ennemis mauvais et malveillants vous feront beaucoup de mal ; votre amoureux se révélera faux. 45.

PUITS. Si vous rêvez que vous regardez dans un puits profond, c'est un signe que vous trouverez un trésor ; si vous rêvez que vous tombez dans un puits profond, cela annonce votre mort ; si vous imaginez que vous tirez de l'eau claire d'un puits, et que vous la buvez, vous aurez sûrement une bonne fortune de quelque sorte. 7, 14, 77.

PUTAIN. Si un homme rêve qu'il fréquente une de ces femmes, cela annonce des pertes et des disgrâces. Si une jeune fille rêve qu'elle fait la putain, alors qu'elle est chaste, cela annonce un mariage rapide et qu'elle aimera son mari. 19.

PUTOIS. Si un homme rêve qu'il en voit un, il épousera une belle femme ; si c'est une femme, elle épousera un bel homme. Si ce charmant animal vous attaque, c'est le signe que vous souffrirez de la calomnie de vos ennemis. 68, 2.

PUZZLE. Rêver qu'on se casse la tête avec un casse-tête, c'est un présage de frivolité ; si vous réussissez, vous ferez quelque chose qui vous désavantagera : si vous vous imaginez que le casse-tête vous déconcerte, c'est un signe qu'une personne sotte vous fera un tort involontaire. 21, 17.

PYJAMA. Si une jeune fille rêve qu'elle a oublié d'enlever son pyjama de nuit, mais qu'elle a reçu de la compagnie avec, c'est le signe qu'elle sera embrassée par un homme étranger, ou qu'un étranger sera séduit par ses charmes : si une femme mariée rêve cela, cela prédit que son mari sera jaloux d'elle, et peut-être pas sans raison. 70.

QUAKER. Rêver de relations d'affaires avec de véritables quakers est un signe que vous ferez une mauvaise affaire. Si, dans votre rêve, vous voyez un groupe de quakers, cela annonce que vous n'aurez pas de chance en affaires. Ce présage est supposé être basé sur le fait que les quakers monopolisent toutes les bonnes occasions lorsqu'ils sont présents. 24, 30.

QUERELLE. Rêver de querelle avec un étranger, c'est un signe que vous vous ferez un nouvel ami ou une nouvelle connaissance ; si vous imaginez que vous vous disputez avec un ami, cela montre que vous aurez bientôt un moment agréable et plaisant avec lui : les amoureux qui rêvent de querelles, seront enclins à s'envoyer en l'air et à roucouler plus fort que jamais. 2, 12, 24.

QUILLES. Si un homme rêve qu'il joue aux quilles, c'est le signe qu'il aura bientôt une querelle. Si une femme rêve qu'elle joue aux quilles, cela annonce qu'elle aura beaucoup d'ennuis dans sa vie. Rêver de quilles n'est pas un bon présage pour les amoureux. 57, 3.

RADEAU. Rêver de voir un radeau annonce un voyage - plus le radeau est long, plus la ligne de voyage est étendue : si vous rêvez de naviguer sur un radeau, c'est un signe que vous voyagerez, avec succès, dans des pays lointains. 10.

RADIS. Rêver de ce légume signifie qu'un secret sera découvert, ce qui entraînera une brouille dans la famille. Pour une fille, c'est le signe qu'elle perdra son soupirant, et pour un amoureux, c'est l'annonce qu'il sera « doublé » par un autre jeune homme sympathique. 38, 13.

RAGE. (*Voir Colère.*) Si vous rêvez que vous êtes dans une grande colère à la suite d'un incident ou d'un événement désagréable, c'est un signe qu'un épisode agréable en rapport avec cet événement se produira pour vous mettre d'excellente humeur, car de tels rêves fonctionnent à l'inverse. 44, 16.

RAISINS. Rêver d'une abondance de raisins est de bon augure, de même que rêver que l'on mange des raisins d'une saveur agréable ; mais si les raisins sont aigres et écrasés, cela indique que l'on aura du chagrin. Si une jeune fille rêve qu'elle a un cadeau de beaux raisins, elle se mariera bien dans l'année et aura beaucoup d'enfants. 70.

RAMER. Rêver qu'on rame dans une eau claire, c'est un signe de bonne chance en général : si l'eau est boueuse, cela indique des ennuis et des difficultés qui peuvent être surmontées ; si un amoureux rêve qu'il rame dans une barque avec sa bien-aimée, il fera sans doute une heureuse union, 20.

RAMES. Si vous rêvez que vous naviguez dans un bateau et que vous perdez une ou plusieurs rames, c'est le signe de la mort de votre père, de votre mère, de votre tuteur ou de quelqu'un dont vous attendez la protection ; si une jeune fille fiancée ou une femme mariée en rêve, cela annonce la mort d'un amant ou d'un mari. 2.

RAPIÉÇAGE. Le fait qu'une femme rêve qu'elle rapièce les vêtements de son mari ou de ses enfants est un excellent présage, car cela indique que chaque rapiècement sera une bonne somme d'argent apportée à la famille. 5.

RASER. Si un homme rêve qu'il se rase, c'est le signe qu'il va s'endetter ; si vous rêvez que quelqu'un vous a rasé lors d'une affaire, cela signifie qu'on vous remboursera une dette que vous aviez abandonnée. 5, 7, 54.

RATISSAGE. Le fait qu'une jeune fille rêve de ratisser du foin fraîchement fauché est un signe qu'elle sera mariée avant que le foin ne soit mangé : les jeunes gens qui rêvent de ratisser du foin avec leur bien-aimée feraient mieux de préparer leur cou pour le nœud coulant matrimonial, car il est plus que temps de prier pour cela. 4, 11.

RATON LAVEUR. Rêver que vous abattez un raton laveur est de bon augure, car vous gagnerez probablement une somme d'argent, ou on vous la laissera en héritage : si vous imaginez que vous tirez sur l'animal et qu'il tombe à terre, cela gâchera la chance ; vous devez cesser de rêver dès que le raton laveur est en haut de l'arbre. 61, 12.

RATS. (*Voir Piège et Souris.*) Rêver de rats est un signe que des voleurs sont dans les parages : si vous voyez l'un de ces animaux, cela indique qu'un ami sera volé, mais si vous les entendez ronger, c'est que vous subirez vous-même une perte due à un vol. Si une jeune fille qui a un amant rêve de rats, elle a intérêt à être prudente et à ne pas le laisser trop libre avec sa personne, car il pourrait lui voler ce qui ne peut être restitué. 54, 21.

RAYON DE SOLEIL. Cela signifie que vous atteindrez une position élevée dans la vie. 9.

RÉCOLTE. Rêver d'un champ de récolte est de bon augure. Si vous rêvez que vous travaillez dans un champ, cela indique un succès dans les affaires. Pour les amoureux, c'est l'un des signes les plus heureux ; pour un jeune homme, cela signifie qu'il épousera une femme riche et belle ; pour une jeune fille, c'est un signe qu'elle sera bientôt fiancée à l'objet de ses affections ; pour les mariés, cela signifie la félicité domestique. 4, 11, 44.

RÉCOMPENSE. Rêver de recevoir une récompense pour un acte d'intérêt public, comme la détection d'un criminel, est un signe que des honneurs vous seront conférés : si vous rêvez de recevoir une récompense pour avoir trouvé de l'argent ou d'autres biens, cela présage de la bonne fortune et de la richesse. 41.

REDEVANCES. Si un criminel condamné à mort rêve d'un sursis ou d'une grâce, il peut se persuader que tout est fini pour lui ; et si un ami, qui s'intéresse à son sort, fait ce rêve, cela revient à peu près au même. 76, 5.

REINE. Un homme qui rêve qu'il voit une reine, prédit la perte d'argent, soit par vol, soit par mauvaises dettes ; s'il est présenté à une reine, le rêve est encore pire en ce qui concerne les pertes. 39, 60.

RÉJOUISSANCE. Si vous rêvez que vous êtes en compagnie et que vous vous sentez particulièrement hilare ou jovial, c'est un signe de tristesse ; remarquez bien qui contribue le plus à votre gaieté, car il ou elle peut vous causer de la peine. Si une fille rêve cela d'un jeune homme, qu'elle se méfie de lui comme d'un gai séducteur. 20.

RELATIONS. Si vous rêvez que vous êtes importuné chez vous par vos proches, c'est le signe que vous serez l'objet de beaucoup de scandales : si, au contraire, vous imaginez que vos proches vous rendent visite et vous font grand plaisir par leur société, cela annonce qu'on parlera beaucoup de vous, mais toujours avec respect et vénération. 70.

RELIGIEUX. Rêver que l'on devient religieux, c'est prédire que l'on sera trompé ou escroqué d'une manière ou d'une autre, car un tel rêve fonctionne à l'inverse : si vous rêvez qu'un pasteur, ou toute autre personne religieuse, vous exhorte à devenir pieux, vous feriez mieux de vous méfier, car un voyou est dans les parages, en train d'inventer comment vous faire victime. 54.

RENARD. Signe de voleurs ; rêver qu'on se bat avec eux, indique qu'on aura affaire à un ennemi rusé ; garder un renard apprivoisé, signifie qu'on aimera une femme impudique, ou qu'on aura un mauvais serviteur, qui vous volera. Plusieurs renards, de faux amis. 11, 17.

REQUIN. Rêver de voir un requin dans l'eau est un excellent présage, car cela annonce que vous échapperez à un grand danger qui vous menace : si vous rêvez de capturer le requin, vous obtiendrez peu de temps après une grosse somme d'argent. La capture d'un poisson, quel qu'il soit, est un présage de gain d'argent. 31.

REPTILE. Rêver d'un animal appelé reptile, comme les serpents, les crapauds, les alligators et autres, est le signe d'une querelle : si vous imaginez que vous êtes mordu, cela montre que vous en sortirez perdant, ou gravement blessé, soit dans votre personne, soit dans votre réputation. Si une jeune fille rêve d'un reptile, qu'elle veille à ce que son amant ne la trompe pas. 34, 3.

RESUSCITER. Rêver que l'on réanime un noyé, c'est prédire que l'on s'engagera dans une entreprise qui attirera l'attention du public : si la personne ainsi ramenée à la vie est une femme, cela laisse présager un mariage avec une dame de renom. 16, 9, 78.

RETRAITE. Rêver d'une retraite religieuse, ou d'un lieu où un grand nombre de personnes tiennent une réunion de ce genre, est un signe que vous irez dans un lieu public peu recommandable et que vous perdrez votre caste : si vous prenez part à la réunion, cela annonce que vous serez en disgrâce, car tous les rêves de ce genre agissent de manière opposée. 13, 57.

REVANCHE. Rêver de se venger d'une blessure est un signe de disgrâce : si, dans votre rêve, vous imaginez que vous avez fait enfermer quelqu'un en prison pour des motifs de vengeance, cela prédit que vous serez vous-même emprisonné pour quelque acte dégradant. 74, 50.

RÊVES. (*Voir Sommeil.*) Le fait de rêver que l'on raconte ses rêves à quelqu'un, indique que quelque chose d'inattendu va se produire. 41, 18.

RÉVEIL. Rêver que l'on se réveille soi-même est une fin heureuse à tous les chagrins. Réveiller quelqu'un d'autre est un signe que vous inspirerez de l'amour à celui que vous désirez. 61, 4.

RHUMATISME. Rêver de cette maladie douloureuse est un présage de santé : si vous imaginez qu'un ami est ainsi affligé, cela indique qu'il vous proposera bientôt de vous rendre service, ou de vous faire bénéficier de quelque chose. 52, 16.

RHINOCÉROS. Rêver de cet animal des Indes orientales, dénote le succès pour l'homme d'affaires, mais la déception dans les affaires amoureuses ; mais rêver qu'ils vous blessent, est défavorable au rêveur. Si vous rêvez que vous en voyez un mort, vous quitterez bientôt un parent. 47.

RICHESSE. Rêver que l'on est riche ou que l'on a hérité d'une fortune est un signe de pauvreté et de malchance ; mais si vous imaginez que quelqu'un vous verse de grosses sommes d'argent suffisantes pour vous rendre riche, votre rêve se réalisera au point que vous acquerrez des biens. Si une personne rêve qu'un héritage lui est versé en argent, cela a une toute autre signification qu'un rêve où l'on s'enrichit grâce à un héritage, mais où l'on ne voit pas l'argent. 15, 3.

RIDES. Si une dame rêve que son visage s'est ridé, c'est le signe que quelqu'un fait ou a fait l'éloge de sa beauté ; un vieux célibataire qui rêve cela « ferait mieux de croire » qu'une jeune femme est amoureuse de lui, car il n'y a pas de compte à rendre au goût. 66, 4.

RIRE. Ce présage est défavorable, et c'est un signe de larmes ; il indique aussi que vous serez malmené par vos engagements commerciaux ; si un amoureux rêve qu'il voit sa bien-aimée rire, c'est un signe qu'elle le jettera pour un étranger ; pour les personnes mariées, cela signifie des problèmes domestiques. 40.

RIVAL. Pour un amoureux, rêver qu'il a un rival qui l'ennuie est un signe qu'il est en grande faveur auprès de sa bien-aimée ; un tel rêve pour une jeune femme est d'un présage similaire, et elle n'a qu'à nommer le jour heureux pour régler la question dans son esprit. 1, 70.

RIVIÈRE. Rêver que l'on traverse une rivière large et limpide, annonce une fortune splendide : si l'eau est boueuse ou agitée, cela prédit des difficultés, mais elles seront surmontées à condition que l'on traverse la rivière en toute sécurité et sans accident. Si une jeune fille rêve de cela, c'est le signe qu'elle voyagera quelque part et qu'elle aura un mari riche. 34, 20.

RIZ. Rêver que l'on mange du riz, indique la santé : si l'on imagine que l'on voit de grandes quantités de riz, cela prédit à celui qui ne vit pas dans un pays de riz, un voyage réussi et agréable ; et à ceux qui y vivent, cela prédit le gain et la richesse. 12, 2, 24.

ROCHERS. (*Voir Montagne.*)

ROI. Rêver d'un roi signifie que le rêveur est ambitieux et qu'il sera déçu. Si vous rêvez que vous parlez à un roi, c'est un heureux présage, et c'est un signe de richesse et d'honneur. 4, 14.

ROITELET. Rêver qu'un de ces petits oiseaux musicaux fait son nid n'importe où dans votre maison est un signe de joie et de richesse ; une fille qui rêve cela fera un heureux mariage, mais peut-être pas un riche, car la richesse ne vient qu'à la famille qui vit dans la maison. 1, 73.

ROMARIN. Pour les personnes mariées, indique la perte de leur conjoint et de leurs enfants ; pour les amoureux, les problèmes liés à leur chéri(e). 49, 7.

RONCES. Rêver que l'on se trouve parmi des ronces et que l'on se fait piquer, prédit que l'on aura une dispute avec quelqu'un. Si une jeune fille qui a un amant rêve cela, elle sera probablement vexée par lui. 39, 78.

ROSES. Si une dame rêve de roses, cela annonce qu'elle aura bientôt un nouveau bonnet qui lui plaira : si un monsieur en rêve, sa femme ou sa chérie aura un nouveau bonnet qui lui plaira. Rêver de roses est un signe d'ennuis : le vieil adage selon lequel chaque rose a son épine est illustré dans un tel rêve, car chaque rose que vous voyez apporte un ennui : rêver de roses blanches signifie un mariage qui apportera beaucoup de contrariétés. 47, 9.

ROSSIGNOL. Rêver de cet oiseau signifie des amours légères ; l'entendre chanter, le bonheur. 48.

ROUGES-GORGES. Rêver de voir des rouges-gorges autour de votre maison est un bon présage, car cela annonce l'abondance pour les fermiers et le succès pour n'importe qui ; si vous ne les voyez pas, mais que vous les entendez chanter, cela annonce la maladie, et peut-être la mort. 6.

ROUGEOLE. Rêver que l'on a cette affection gênante indique que l'on aura de la chance, à condition de se livrer à des spéculations peu recommandables ou malhonnêtes, ou à un vol d'argent : mais pour les personnes consciencieuses, le présage n'est pas bon. Si une jeune fille rêve qu'elle a la rougeole, cela prédit qu'un coquin lui fera l'amour. 33, 4.

ROUILLE. Rêver de rouille est un mauvais présage : les couteaux rouillés, ou les outils de toute sorte, dénotent la destruction des biens : les seaux ou les ustensiles rouillés sont autant de signes de pauvreté. 54

RUBANS. Si une jeune fille rêve qu'elle a de nouveaux et beaux rubans à son chapeau ou à sa robe, c'est un signe que quelqu'un la flattera à son désavantage : si elle n'aime pas le ruban, cela montre qu'elle entendra parler de quelque scandale relatif à elle-même ; et si le ruban est rouge, le scandale portera atteinte à sa chasteté. 39, 6.

RUINE. Si vous rêvez que vous regardez de vieilles ruines, des châteaux ou des bâtiments, c'est un signe que vous voyagerez dans des pays lointains : rêver des ruines d'une maison qui a été brûlée, prédit que vous subirez une perte de propriété : si, dans votre rêve, vous voyez les ruines d'une maison qui s'est effondrée, cela dénote la mort d'un ami ou d'une connaissance. 5, 12, 60.

SAFRAN. Rêver de cueillir du safran ou de boire une décoction de cette plante est un signe de santé et de richesse : si les fleurs que vous cueillez sont claires et saines, cela annonce que vous obtiendrez autant d'or. 19, 24.

SAGE-FEMME. Voir une sage-femme, c'est révéler des secrets ; pour les malades, c'est la mort. 18, 4.

SALETÉ. Rêver de saleté ou de boue signifie que quelqu'un parlera mal de vous. S'il s'agit de sable ou de terre propre, et que vous ne vous salissez pas avec, c'est un signe d'économie et de bonne fortune. Si quelqu'un jette de la terre sur vous, cela annonce que vous serez maltraité. 22, 41.

SANG. Rêver que l'on vomit du sang est bon pour celui qui est pauvre, car il recevra bientôt une somme d'argent. Il est aussi très bon pour celui qui n'a pas d'enfants, et dont les parents sont dans un pays étranger ; le premier verra un enfant de lui ; l'autre entendra de bonnes nouvelles de ses parents, ou les verra retourner chez eux. 11, 19.

SAUCISSES. Rêver que l'on mange des saucisses frites, c'est prédire que l'on sera en contact avec une personne très pauvre et désagréable : une fille qui rêve cela, sera très sûre d'avoir un amant sans fortune et dans le besoin, et peut-être de l'épouser si elle est très pressée de se marier. 38, 16.

SAULE. Rêver de saules pleureurs est un signe de maladie et de mort : s'ils sont suspendus au-dessus d'un ruisseau, cela n'annonce que la maladie. 12, 70.

SAUTER. Rêver que vous sautez par-dessus des murs, des portes ou des barrières, est un signe que vous rencontrerez de nombreuses difficultés dans vos activités actuelles et que votre bien-aimé(e) ne vous épousera pas. 9, 31.

SAUTERELLES. Ce rêve est défavorable aux malades, mais pour une personne en bonne santé, il annonce une longue vie. 17, 66.

SAUVETAGE. Si vous rêvez que vous sauvez quelqu'un d'un péril, c'est un signe que vous vous élèverez dans le monde, soit par l'accroissement de vos richesses, soit par de nouveaux honneurs : rêver que vous êtes sauvé de la noyade ou de tout autre mode de mort, montre que vous vous lancerez dans une spéculation commerciale fructueuse avec un associé. Pour les amoureux, un tel rêve annonce une union rapide et heureuse. 64, 9.

SCIAGE. Rêver que l'on scie du bois ou des planches annonce que l'on fera quelque chose que l'on regrettera par la suite : si un jeune homme rêve cela, il offrira probablement quelque indignité à sa bien-aimée, qu'il aura du mal à faire oublier. 3, 17, 55.

SÉCHERESSE. Pour un fermier ou un planteur, rêver qu'il voit son herbe ou ses récoltes se dessécher faute de pluie, indique qu'un accident lui arrivera ou arrivera à sa propriété pendant une tempête, ou qu'une partie de son bétail mourra ou sera victime d'un accident. 12.

SECRET. Si une jeune fille rêve qu'un ami lui confie un secret important, c'est le signe que cet ami deviendra son ennemi : si son amant lui confie un secret, ils se disputeront sûrement dans les 68 jours ; si elle rêve qu'elle révèle un secret à un ami, elle sera très contrariée par quelque scandale qui circule à son sujet. 4, 2, 8.

SÉDUCTEUR. Si une jeune femme rêve que la conduite de son amant est celle d'un séducteur gai, elle le trouvera très sincère dans son attachement : une femme mariée qui rêve qu'elle est trop persuadée par un séducteur de céder à ses désirs, en sera très honorée, car ces rêves agissent à l'inverse. Si un homme rêve qu'il séduit une fille vertueuse, cela présage qu'il sera déshonoré. 35, 8.

SEIGLE. Rêver de ce grain est un signe de chance dans les affaires d'argent ; il prédit aussi le succès dans les affaires d'amour : pour les personnes mariées, il prédit le bonheur domestique. 69.

SEINS. (Voir Lait.) Rêver de seins, dénote un grand gain et un grand profit pour les hommes, mais pour une femme, des pertes. Si une jeune femme rêve que ses seins sont pleins de lait, cela signifie qu'elle est proche du mariage. 76, 1, 10.

SÉPARATION. Si une femme rêve qu'elle est sur le point de vivre séparée de son mari, cela promet qu'elle se retrouvera bientôt sur le chemin de la famille : un tel rêve pour un homme est un signe qu'une femme ou une fille, autre que sa femme, est amoureuse de lui. 26, 17.

SÉPARATION. Rêver que l'on se sépare d'amis avec regret est un signe de déception : si une jeune fille rêve que son amoureux s'en va quelque part et qu'elle se sent mal quand il prend congé, cela prédit qu'il ne sera pas « fou de joie » la prochaine fois qu'il viendra la voir, et qu'elle sera par conséquent déçue de sa prétendue froideur ; mais tout cela ne servira peut-être à rien d'autre qu'à lui faire sentir qu'elle est malheureuse pour le moment. 4.

SERMENT. Rêver de prêter un serment solennel devant un magistrat, ou dans une cour de justice, prédit des querelles et des litiges : même si vous êtes une personne timide et tranquille, un tel rêve promet que quelqu'un se disputera avec vous. 20.

SERPENT. Rêver de serpents est le signe d'un ennemi, ou que quelqu'un vous calomnie ; cela dénote aussi des querelles et des disputes : si une jeune fille fiancée en rêve, elle ferait mieux de s'assurer positivement que son amant est en règle avant de l'épouser. 47, 50.

SERREMENT. Rêver que vous avez des sensations de pincement dans les intestins, dénote un accident causant une blessure à la chair : si vous rêvez qu'un homme vous prend par la main, ou par une partie de votre corps, par une prise dure qui vous blesse, c'est un signe que vous aurez une invitation pressante à aller quelque part - peut-être une convocation au tribunal. 19, 16.

SERVANTE. (Voir Vierge.) Si vous rêvez que vous êtes satisfait d'une jolie femme de chambre, d'une laitière, ou de toute autre jeune fille de belle apparence, dont l'occupation porte le titre de servante, c'est un bon présage, car cela prédit un excellent mariage, et beaucoup d'enfants : cela prédit aussi, dans de nombreux cas, que le rêveur épousera une femme riche. 75, 39.

SERVIETTE. Une serviette blanche indique une conduite ordonnée, qui apportera le bonheur ; une serviette sale, une conduite désordonnée. 70, 6.

SERVITEURS. (Voir Domestiques.) Rêver que l'on est volé par ses domestiques, c'est un signe que l'un d'entre eux que l'on estime le plus vous trompe : si, dans votre rêve, vous imaginez que vous vous êtes fait voler votre argenterie par un serviteur, cela montre que vous aurez une difficulté, et que vous vous débarrasserez de celui qui sera remplacé par une personne malhonnête. 71, 40, 11.

SHERIFF. Si vous rêvez que le shérif vous poursuit avec un mandat et que vous l'esquivez, c'est un signe de malchance et de pertes ; mais s'il vous arrête et vous enferme en prison, c'est un signe de bonne fortune. Peu après un tel rêve, vous aurez de la chance dans tout ce que vous entreprendrez. 62, 21.

SIFFLEMENT. Rêver que l'on entend des sifflements, comme ceux que produit la vapeur, ou que des oies sifflent, est un signe de honte. Si une jeune fille en rêve, cela annonce qu'elle fera quelque chose dont elle a honte ; pour un homme, c'est un signe qu'il fera un acte indigne, ou qui nuira à ses perspectives d'avenir. 47.

SINGE. Rêver que l'on voit un singe et que l'on se réjouit de ses cabrioles indique que l'on fera la connaissance d'un imbécile. Pour une fille, rêver qu'elle joue avec un singe est un signe qu'elle fera quelque chose dont elle aura honte, et qu'elle perdra peut-être sa vertu. Les singes sont également un signe de procès et d'ennemis secrets. 17, 6.

SINGES. Rêver que vous les avez vus ou que vous avez eu affaire à eux, signifie que vous avez des ennemis malveillants, bien que secrets, et vous met en garde contre les poursuites judiciaires. 17, 6.

SLOW. Rêver de danser un slow avec une dame est un signe qu'elle est amoureuse de vous, ou que vous lui plaisez ; et si vous l'aimez bien, vous pouvez immédiatement chercher à obtenir ses faveurs avec beaucoup de confiance. Le présage est le même pour une fille qui rêve de danser un slow avec un jeune homme. 1, 65, 14.

SŒUR. (*Voir Frères.*) Rêver que l'on voit sa sœur indique une mort rapide dans la famille, et que le rêveur aura une longue vie : si l'on est amoureux, c'est un présage favorable. 24, 8.

SOIE. Qu'une dame rêve de soie et de satin, et qu'elle se fasse faire de belles robes avec ces étoffes, cela présage la pauvreté et le besoin : si elle s'imagine qu'on lui présente une simple robe à bon marché, et qu'elle soit contente du présent, c'est un signe qu'elle aura une excellente chance ; mais si elle ne l'aime pas, cela montre qu'elle refusera une offre qui lui causera des regrets par la suite. 8, 7, 56.

SOIE DE PORC. Ce rêve indique une grande violence et un grand danger. 21, 7.

SOIF. Si quelqu'un rêve de soif ou d'eau potable, si l'eau lui paraît claire et agréable, il vivra dans la joie et deviendra riche ; si l'eau est trouble, tiède ou nauséabonde, cela l'avertit que, sans prudence, il finira ses jours dans l'affliction. 20, 49.

SOIRÉE. Rêver d'aller à une soirée où l'on boit et où l'on hurle est un signe de pauvreté et de misère : si une jeune fille rêve cela, cela prédit son mariage rapide avec un homme qui s'avérera être un misérable ivrogne. Si un jeune homme rêve qu'il voit sa bien-aimée à une soirée, il ferait mieux de renoncer à l'affaire, car elle ne sera jamais d'une grande utilité et risque de devenir une ivrogne. 8.

SOLEIL. Rêver que le soleil vous aveugle, c'est prédire que vous serez comblé de chance : voir un beau soleil brillant, c'est un signe de succès dans tout ce que vous pouvez entreprendre : un soleil rouge dénote des mésaventures et des accidents : si le soleil semble pâle et fumé, cela présage des ennuis et des difficultés. Rêver que le soleil se lève, c'est annoncer de bonnes nouvelles et de la chance ; le soleil qui se couche, de la malchance. 2, 10, 20.

SOLDATS. Rêver que l'on voit des zouaves, ainsi que d'autres soldats et hommes armés, indique que l'on aura des querelles et des problèmes dans sa famille, si l'on en a une, et si l'on n'en a pas, parmi ses proches : pour l'homme célibataire, ce rêve annonce que sa dulcinée en aime un autre mieux que lui ; et pour la jeune fille, il signifie que son amant essaiera de la séduire. 58, 1, 77.

SORCIÈRE. Rêver d'une sorcière prédit que vous quitterez votre maison et que vous séjournerez parmi des étrangers. Si la sorcière tente de vous blesser, cela indique que vous dépendrez d'étrangers pour votre subsistance. Aucune personne intelligente ne croit aux sorcières, mais beaucoup en rêvent, et ce qui précède est l'horoscope d'un tel rêve. 17.

SOUPE. Rêver de manger des bouillons, ou des soupes, est un bon signe, et dénote le profit et le gain. 32, 9.

SOURCILS. Les sourcils épais sont un signe d'amitié ; les sourcils minces, de malveillance et de contrariété ; les sourcils noirs, de chance. 18.

SOURIRE. Si vous rêvez que des gens vous sourient, cela indique que vous ferez quelque chose dont vous avez honte : si vous imaginez que des dames vous sourient, vous aurez probablement une aventure avec l'une d'elles qui vous fera paraître ridicule. 71, 6.

SOURIS. (*Voir Piège.*) Rêver que l'on tue une souris est un signe que l'on détectera un voleur en train de vous voler : si, dans votre rêve, vous voyez une souris ou un certain nombre de souris, cela prédit que vous aurez bientôt des voleurs dans la maison. Si une jeune fille rêve qu'elle caresse une souris, cela signifie qu'elle aura un amant aux doigts légers ou malhonnête. 75, 70.

SOUS TERRE. Rêver que l'on descend sous terre, que ce soit dans un puits, une cave ou un caveau profond, ou une grotte, dénote une mort prématurée ; mais si l'on rêve que l'on creuse le sol, et que l'on se trouve dans un trou que l'on a creusé, le présage est différent, car il dénote la richesse et une longue vie. 5, 9, 45.

STATUE. Rêver de statues de marbre est un signe d'avancement ; ceux qui s'imaginent voir de belles statues seront sûrs de s'élever au-dessus de leur position actuelle dans la société. 3, 13.

STYLO. Rêver d'écrire avec un stylo en acier, c'est le signe que vous vous mettrez dans une mauvaise passe en parlant de vos amis et de vos voisins. Si la plume est en or, cela présage de bonnes nouvelles et de succès dans les affaires et les relations amoureuses. Rêver que vous fabriquez une plume d'oie est un signe que vous avez beaucoup d'ennemis, mais que vous triompherez d'eux et réussirez dans tout ce que vous entreprendrez. Mais ce rêve n'a pas beaucoup d'importance, car il n'est qu'un prélude au rêve d'un couteau à plume, qui est de mauvais augure. 28, 6.

SUCRE. Rêver de sucre dénote la pureté : si un amoureux rêve que sa bien-aimée lui offre un pain de sucre blanc, cela montre que son affection pour lui est pure et désintéressée ; c'est donc un bon signe pour lui de rêver qu'il prend le thé avec elle, car elle mettrait naturellement ce sucre dans son thé : rêver de sucre de toute sorte, ou de bonbons au sucre, est un excellent présage. 19, 48.

Une ancienne prédiction est la suivante :

> *Rêve de sucre et de viande sucrée,*
> *Ou boire du vin avec plaisir,*
> *Et tous les rêves agréables en état,*
> *Montrer les sports de l'amour et les fruits de l'amour.*

TABAC. Pour un garçon, rêver qu'il mâche du tabac est un signe de pauvreté, car le rhum et la mastication du tabac vont de pair. Rêver qu'il fume annonce le gaspillage, mais n'est pas exactement un présage de pauvreté, bien que le gaspillage précède toujours cet état. Le mieux est de ne pas rêver du tout de tabac. Si vous rêvez que vous voyez de gros tas de tabac, c'est un signe de malchance et de perte dans certaines spéculations. Rêver que l'on prend du tabac à priser est un mauvais présage dans les affaires amoureuses, mais si l'on rêve que l'on éternue en le prenant, c'est un signe de longue vie. 49, 7, 55.

TACHES. Qu'une jeune fille rêve de taches sur sa robe, c'est un signe de scandale : si elle imagine que les taches sont devant, on l'accusera d'une intimité inconvenante avec un monsieur ; si c'est sur la manche droite, on insinuera qu'elle a pris ce qui ne lui appartenait pas ; si c'est sur la manche gauche, quelqu'un dénigrera sa véracité. Si un amoureux rêve que la robe de sa dulcinée est tachée derrière, cela montre qu'elle ne lui est pas fidèle. 65, 13.

TAILLEUR. Si une jeune fille rêve qu'elle a un tailleur pour soupirant et qu'elle en est satisfaite, c'est le signe qu'elle épousera un homme doux, qui lui permettra d'être à la fois maître et maîtresse après le mariage. Voici une rime populaire illustrée : 19, 70.

La jeune fille qui rêve d'épouser un tailleur, se
mariera avec un homme qui sera une bûche au lit ;
elle sera aussi maîtresse de toutes ses richesses, et, dans le langage vulgaire,
« portera la culotte » !

TAMARINS. Rêver de tamarins indique beaucoup de contrariété et de malaise à cause d'une femme, un mauvais succès dans le commerce, une saison des pluies, et des nouvelles d'outre-mer qui sont désagréables : en amour, ils dénotent une déception. 77, 16.

TAMBOUR. Rêver que vous entendez le roulement d'un tambour signifie que vous serez appelé à quitter votre maison ou votre travail de façon inattendue. Si vous voyez des soldats marcher lorsque vous entendez le tambour, cela signifie que, bien que vous n'ayez pas à partir, vous recevrez un message inattendu qui vous causera des ennuis ou de l'excitation. 49.

TANNEUR. Rêver d'être dans une tannerie est un signe de santé et de richesse : si une fille rêve que son fiancé est tanneur, elle aura probablement un bon mari, un mari aisé, et elle vivra jusqu'à un âge avancé, car les tanneurs sont généralement des clients exigeants. 52, 7.

TARTE. Rêver que l'on mange des tartes est un signe que l'on sera bientôt dans le besoin. Rêver que l'on fait des tartes est un signe de plaisir et de bonheur. 38.

TAUREAU. Rêver que l'on a été encorné ou que l'on a été blessé par un taureau, indique que l'on risque de recevoir du mal de la part d'un grand homme. Rêver que vous êtes poursuivi par un taureau, dénote la perte d'amis et de mauvais rapports ; si vous êtes amoureux, votre bien-aimé sera en danger, et vous échapperez de justesse à un malheur. 64, 7.

TAXIS. Si vous voyez, dans votre rêve, une rangée de taxis, ou des carrosses à un enterrement, cela indique que vous assisterez bientôt à un mariage ou à une fête joyeuse. 32, 19.

TONNEAUX. Signifient la richesse s'ils apparaissent pleins ; s'ils sont vides, la pauvreté. 14, 1, 7.

TÉLÉPHONE. Rêver d'un téléphone indique des nouvelles de l'étranger, dans un court laps de temps, et encore plus rapidement si vous pensez que le téléphone est en ligne. 47, 10, 78.

TÉLESCOPE. Si vous rêvez que vous regardez les étoiles, cela indique que vous vous élèverez dans le monde. Si vous rêvez que vous regardez la lune, et que vous êtes ravi de la vue, cela vous prédit de grandes richesses. 7, 14.

TEMPÉRATURE. Rêver que vous en avez, vous met en garde contre un penchant pour les boissons fortes ; rêver que votre bien-aimé a de la température, dénote de l'affection et du bonheur. 39, 6, 1.

TEMPÊTE. Rêver de grandes tempêtes qui durent longtemps signifie affliction, troubles, dangers, pertes et périls ; pour les pauvres, repos. 57, 8

TEMPÊTE. (*Voir Pluie, Grêle et Neige.*) Rêver d'une tempête dévastatrice, c'est prédire des pertes et des ennuis : une violente pluie d'orage indique que vous aurez de la chance, mais que des malheurs nuiront néanmoins à vos perspectives : de douces averses promettent la chance sans le mauvais présage. 21, 72.

TÉNÈBRES. Rêver que l'on est dans un endroit sombre est un mauvais présage ; pour les amoureux, cela indique la perte de leurs amours, pour les commerçants, la perte de leurs biens ; mais rêver que l'on sort de l'obscurité pour entrer dans la lumière est bon ; si l'on est dans la pauvreté, cela prédit la richesse ; si l'on est amoureux, un mariage heureux. 4, 16.

TERRE. Rêver d'acheter ou d'hériter d'une terre est un excellent présage, car cela annonce la santé et la richesse ; mais vendre une terre en rêve dénote la maladie et la pauvreté. Si un jeune homme rêve qu'il achète une terre, c'est le signe qu'il épousera une femme riche. 34, 61, 18.

TESTAMENT. Rêver que l'on fait son testament est un signe de longue vie, et de bonne fortune en général : si l'on imagine que l'on fait son testament pour faire un legs à une dame, cela prédit à un homme (marié ou célibataire) qu'il se mariera. 22.

TÊTE. Rêver de têtes, de quelque manière que ce soit, est de bon augure : si vous rêvez que votre tête est très grosse, cela indique que vous deviendrez probablement distingué ; si vous voyez en rêve une personne à grosse tête, c'est un signe que vous ferez la connaissance de quelqu'un qui vous sera bénéfique. 65, 9.

THÉ. Rêver de boire du thé ou d'être présent à un goûter est un signe d'économie et de bonheur domestique : une fille qui rêve de rencontrer son amant à une telle fête, ou de boire du thé avec lui, peut être sûre qu'il va bien, et qu'elle peut conclure son marché matrimonial avec lui immédiatement sans aucun risque. 61, 19.

THÉÂTRE. (Voir cinéma).

TIGRE. Rêver que l'on voit un de ces animaux en furie, c'est le signe que l'on a un ami perfide qui va mettre sa réputation en danger : voir en rêve un tigre endormi ou tranquille, c'est présager que l'on fera bientôt la connaissance d'une personne perfide ou indigne. Si une jeune fille fait ce rêve, elle a intérêt à se méfier du prochain jeune homme qui lui offrira ses attentions. 59, 62.

TIRAGE AU SORT. Tirer au sort en rêve est la même chose que jouer ; cela annonce la pauvreté et la disgrâce : rêver de tirer au sort pour de la volaille est un signe que votre famille (si vous en avez une) manquera de pain ; si vous êtes célibataire, cela montre que vous serez enclin à devenir malsain et à vous laisser aller à la flânerie. 8, 44.

TOMBE. Rêver d'une tombe fraîchement faite est un signe de pertes : un homme d'affaires perdra probablement l'argent qui lui est dû. Mais pour les amoureux, ce signe est susceptible d'être une « tombe pour leurs espoirs les plus chers » : un tel rêve est décidément mauvais pour eux. 21, 72.

TOMBE. Rêver que l'on visite une grande et magnifique pierre tombale laisse présager que l'on tombera amoureux de quelqu'un de plus haut placé que soi : visiter un cimetière ou une tombe en rêve, c'est le signe que son tour viendra bientôt de rejoindre les rangs matrimoniaux. 48.

TOMATES. Rêver de ce légume précieux indique la prospérité dans la vie ; si vous avez des enfants, ils s'épanouiront ; si vous êtes amoureux, votre liaison sera couronnée de succès. Si une jeune fille en rêve, cela signifie qu'elle épousera son amour actuel, qu'elle aura beaucoup d'enfants et qu'elle sera très heureuse ; pour un agriculteur, cela signifie des récoltes abondantes. 78, 6.

TONNERRE. Rêver d'un violent coup de tonnerre indique aux fermiers de grandes récoltes ; aux commerçants, mécaniciens ou spéculateurs, cela annonce une grosse affaire ou une spéculation fructueuse ; si vous êtes terrifié par le tonnerre, c'est tant mieux. 51.

TORCHE. Voir une torche allumée au loin dans une nuit sombre, et se diriger vers elle, présage un voyage réussi ; mais si vous trébuchez en chemin, vous aurez un accident : rêver que vous portez une torche allumée la nuit, est un signe qu'un ami lointain vous rendra visite. 20.

TOUR. Rêver que l'on monte sur une haute tour et que l'on regarde un beau paysage, c'est prédire que l'on va acquérir des terres, soit par achat, soit par héritage ; si l'on regarde l'eau, c'est le signe d'un voyage par mer, au cours duquel on va acquérir des richesses ; si des oiseaux volent autour de la tour, c'est le signe de beaucoup d'ennuis. 58.

TORTUE. Rêver de tortues est un signe de longue vie : une jeune femme fiancée qui rêve de ces animaux se mariera probablement selon ses désirs, et vivra avec son mari jusqu'à ce qu'ils deviennent un vieux couple ; mais son mari sera du genre lent et facile. 67, 49, 5.

TRAIN. Rêver d'un voyage en chemin de fer, c'est prédire aux personnes qui tiennent une maison qu'elles se sépareront de leur établissement ; aux jeunes gens, cela indique la perte de leur foyer ; aux amoureux, c'est un signe que s'ils se marient, ils ne tiendront pas la maison longtemps, si même ils la tiennent. 3, 11, 33.

TRAVAIL. Rêver que l'on travaille dur indique que l'on fera un voyage pénible, à moins d'être très prudent ; mais voir d'autres personnes au travail est un signe de bonne fortune. Si une fille rêve qu'elle voit son amant au travail, cela signifie qu'il essaiera de la séduire. 27, 9.

TRAVAIL. (*Voir Récolte.*) Rêver que l'on travaille beaucoup et que l'on est très fatigué est un signe de maladie ; si l'on imagine que l'on voit des hommes au travail, cela annonce des affaires fructueuses. 77.

TREMBLEMENTS DE TERRE. Changement de propriété, blessures, mort ; voir une ville détruite par la famine, la guerre et la désolation. 17.

TROMPETTE. Rêver que l'on entend le son d'une trompette est un mauvais présage, et dénote des ennuis et des malheurs ; pour le commerçant, cela présage la perte de ses affaires ; pour le fermier, de mauvaises récoltes ; pour l'amant, le manque de sincérité de l'objet de ses affections. 46, 9.

TRIPES. Si une femme rêve qu'elle nettoie des tripes, cela annonce qu'elle sera infidèle à son mari ou qu'un outrage lui sera fait : rêver qu'elle mange des tripes est à peu près aussi mauvais, car cela indique à un homme qu'il aura une liaison avec une femme (qui n'est pas son épouse) qui le déshonorera. 28, 9.

TRIPLÉS. Si une femme rêve qu'elle met au monde trois enfants en une seule fois, cela présage des richesses et des honneurs ; si un mari rêve que sa femme est ainsi mise au monde, le présage est le même : si quelqu'un rêve qu'il voit des triplés en bonne santé et bien formés, cela présage de la chance et du succès, en particulier dans le domaine de l'amour. 46, 5.

TROU. (*Voir Abîme*).

TRUIE. Rêver d'une truie avec une grande portée de porcs indique l'abondance pour un fermier, mais est un signe de mauvaise santé pour un commerçant ou un mécanicien : si une fille rêve de cela, cela prédit qu'elle épousera bientôt un homme en mauvaise santé. 4, 12, 48.

TRUITE. Rêver d'attraper des truites est un excellent présage, car cela annonce que vous recevrez de l'argent - plus la truite est grosse, plus vous recevrez d'argent. Il est dit dans certains livres que pour les jeunes mariés, un tel rêve annonce la naissance d'un enfant, mais je n'ai pas pu le vérifier, car la plupart des jeunes mariés auront des enfants, qu'ils rêvent de truites ou non. 29, 5.

TUER. Si vous rêvez que vous tuez sans raison un animal ou un insecte, cela prédit la malchance et la pauvreté ; mais si le meurtre est fait par accident, cela montre que, bien que vous puissiez avoir un malheur en conséquence, cela n'affectera pas matériellement votre intérêt. Pour les bouchers ou les fermiers, rêver qu'ils tuent des animaux gras et sains pour la nourriture est un signe d'économie et d'abondance ; mais s'ils rêvent qu'ils tuent un porc qui ne crie pas, cela annonce un décès dans la famille. 41.

TULIPES. Rêver de ces belles fleurs est un signe d'abondance : si vous imaginez que vous voyez un jardin plein de tulipes vous appartenant, cela présage que vous deviendrez riche et distingué : si une fille rêve que son amant lui offre des tulipes, elle fera sans aucun doute un bon mariage, et son mari sera probablement riche. 48.

ULCÈRE. Rêver qu'on a un ulcère à la main ou aux doigts, c'est signe qu'on fera un présent à quelqu'un ; si on en a aux pieds ou aux jambes, c'est signe qu'on ira voir quelqu'un qui sera content de vous voir. 76, 14.

URINE AU LIT. Rêver que vous mouillez le lit dans votre sommeil, est un signe que vous perdrez quelque chose par le feu : votre maison ne brûlera peut-être pas, mais quelque article tombera dans le feu ou sera endommagé par lui - peut-être votre serviteur gâchera-t-il un vêtement en le repassant. 5, 11, 55.

USTENSILES DE MÉNAGE. La marmite désigne la vie ; le plat, les actions de la vie ; le chandelier désigne la femme ; la lumière, ou lanterne, le mari ; le foyer, le domaine ; les vases à vin sont les serviteurs ; les magasins, les armoires et les cabinets désignent la femme. 24, 7.

VACCIN. Rêver d'être vacciné annonce une bonne santé ; et si vous imaginez que vous avez une grande plaie sur le bras à cause de la vaccination, c'est un signe que vous présenterez à quelqu'un un cadeau généreux, et que vous recevrez beaucoup d'honneurs. 49.

VACHES. Si vous rêvez de voir de grands troupeaux de vaches, cela prédit la prospérité et la richesse. Voir une seule vache dans son rêve est le signe d'une chance quelconque. Si une jeune fille rêve de vaches, c'est le signe qu'elle épousera un homme riche et qu'elle aura de nombreux enfants. 4, 26, 1.

VAUTOUR. Rêver de vautour est malheureux pour tous, sauf pour les malades, à qui cela annonce un prompt rétablissement. 41, 62.

VEAU. Rêver d'un veau est un signe de chance. 14, 1.

VELOURS. Si une dame rêve de nouvelles robes de velours, cela annonce la pauvreté : les coussins, les pantoufles ou les bonnets de velours sont des signes de gaspillage et de manque. 36, 18.

VENTRE. Rêver qu'on a le ventre plus gros et plus plein qu'à l'ordinaire, indique que sa famille et ses biens s'accroîtront ; si l'on rêve que son ventre a maigri et s'est rétréci, on sera joyeusement délivré de quelque mauvais accident ; si quelqu'un rêve que son ventre est gonflé, et malgré cela vide, il deviendra pauvre ; si une jeune fille rêve qu'elle a un gros ventre, c'est un signe de mariage. 24, 77.

VERGER. Si, dans votre rêve, vous imaginez que vous êtes dans un beau verger, que les fruits sont beaux et tentants, et que vous en mangez, cela annonce que vous serez bientôt engagée dans une agréable aventure d'amour ou d'intrigue ; si vous voyez des pommes pourries, vermoulues, ou d'apparence chétive, cela indique que vous serez jetée dans une compagnie mesquine et basse, à votre grand déshonneur. De tels rêves sont néfastes pour les jeunes filles. 18, 12.

VERMINE. Rêver de vermine, quelle qu'elle soit, est un présage de malchance et d'ennemis, surtout si elle est dans la maison ou près de la cheminée ; mais si elle est hors de la maison, elle n'a pas d'importance. 27, 62.

VERNISSAGE. Rêver que votre maison ou vos meubles sont, ou ont été, nouvellement vernis, est un signe d'enterrement ; mais si vous imaginez que vous vernissez quoi que ce soit, cela annonce simplement une perte sans décès. 59, 76.

VERRE. Rêver qu'on vous donne un verre d'eau, signifie que vous serez bientôt mariée ; si vous le brisez, votre amant vous abandonnera. 11, 64.

VERRUES. Rêver de verrues sur la main gauche est un signe que vous recevrez de l'argent ; si elles sont sur la main droite, cela prédit que vous dépenserez de l'argent : rêver d'une verrue sur le nez signifie que vous serez distingué ; sur le cou ou la poitrine d'une femme, cela dénote des richesses. 65.

VERS DE TERRE. Rêver de vers, comme ceux que l'on trouve dans le jardin, est un signe de santé et de bonne fortune ; rêver de vers destructeurs annonce des maladies et des pertes : si vous rêvez que des vers descendent d'un arbre et vous tombent dessus, cela dénote des difficultés et de la malchance. 65, 4, 70.

VERT. Si vous voyez en rêve des choses vertes, comme des fruits, de l'herbe, des champs verts, etc., c'est un signe de longue vie, mais si la couleur s'est éteinte, c'est un signe d'ennui. 2, 18.

VÊTEMENTS. (*Voir Soie et Satin.*) Rêver que vos vêtements sont bons, dénote la prospérité et le bonheur ; les vêtements blancs ne sont bons que pour les ecclésiastiques ; pour les autres, c'est un signe d'ennuis ; pour les mécaniciens, le déclin des affaires ; pour les malades, la mort. S'il s'agit de vêtements noirs, c'est un signe de guérison ; s'il s'agit de riches vêtements écarlates, c'est bon pour les hommes riches, car cela signifie l'honneur ; mais c'est la mort pour les malades, et la perte ou la captivité pour les pauvres ; rêver de vêtements féminins, c'est bon pour les célibataires ; mais pour un homme marié, c'est la perte de sa femme ou la maladie. 17, 20.

VEUVE. Si une jeune fille rêve qu'elle est veuve, cela annonce qu'elle aura beaucoup d'amants : un tel rêve pour une femme mariée indique qu'un autre homme que son mari est amoureux d'elle. 38, 60.

VEXATION. Rêver qu'on est très contrarié annonce le contraire, et qu'on sera bientôt très satisfait. 33, 61.

VIANDE. Rêver de viande fraîche, douce et saine, est un signe que vous serez habillé par une dame et que vous tomberez peut-être amoureux d'elle ; mais si la viande est putride ou magmatique, cela annonce la maladie et la mort. 8, 16.

VIEIL HOMME. Rêver de voir un homme courbé par l'âge est un signe de bonne chance dans les affaires, et pour un politicien, cela dénote un avancement. Ce n'est pas un bon rêve pour les femmes, car pour elles cela indique le manque. 63.

VIEILLE FEMME. Rêver d'une femme âgée est généralement de bon augure, car cela annonce le bonheur domestique : pour une femme mariée, un tel rêve prédit la naissance d'un enfant ; pour une jeune fille, qu'elle recevra une offre de mariage. 3.

VIGNES. Rêver que l'on voit ou que l'on taille des vignes, ou que l'on cueille des raisins, est synonyme de prospérité pour les commerçants, de voyages pour les riches, de travail pour les pauvres, et de réconfort pour ceux qui sont dans l'affliction. 38, 17.

VIN. Rêver de boire du vin est un signe de pauvreté : si un amoureux rêve que sa bien-aimée lui offre un verre de vin, cela présage qu'elle sera une épouse peu économe. 39.

VINAIGRE. Rêver que l'on boit du vinaigre signifie maladie et paroles acerbes ; l'utiliser pour faire des marinades est un signe de gain. 29, 6, 76.

VIOL. Si une femme (mariée ou célibataire) rêve d'un outrage à sa personne (qu'il soit tenté ou réussi), c'est le signe qu'un homme du sexe opposé est amoureux d'elle ; si elle est mariée, le rêve fait allusion à un homme autre que son mari. De tels rêves n'augurent rien de bon. 31.

VIOLON. Si vous rêvez que vous jouez sur un violon ou que vous entendez la musique d'un violon, c'est un signe que vous assisterez bientôt à un enterrement. Un tel rêve est de mauvais augure pour les jeunes filles, car il indique la mort d'un amant ou d'un ami cher. 61.

VIPÈRE. Rêver de ce reptile est un signe que quelqu'un que vous croyez sympathique vous fera du tort d'une manière ou d'une autre. 19, 2.

VIRGINITÉ. Si un homme rêve qu'il a défloré une vierge, c'est un signe qu'il sera déshonoré par quelque acte de sa part ; rêver qu'il voit la Vierge Marie, c'est présager que de grands honneurs l'attendent : un tel rêve, pour un honnête homme d'affaires, promet richesses et honneurs ; mais pour un malhonnête, il présage un désastre. 54, 3.

VIS. Rêver d'une petite vis est un bon signe, et indique le succès dans tout ce que l'on entreprend ; mais rêver d'une grande vis de lit présage des problèmes liés aux relations amoureuses. 4, 11, 44.

VŒU. Rêver que l'on a fait un vœu et qu'on le rompt est mauvais pour tout le monde. 21, 78.

VOILE. Rêver d'une bonne navigation sur des eaux claires est un excellent présage, car cela annonce l'abondance et le succès. Des vents violents qui mettent en danger votre bateau, ou des eaux boueuses, indiquent des difficultés qui seront probablement surmontées. (*Voir Bateau, Yacht et Navire.*) 20.

VOITURE. Rêver que vous montez dans une voiture est un signe de succès en affaires et en amour. Si la voiture tombe en panne, c'est le signe que vous subirez des pertes soudaines. Rêver que l'on monte dans une voiture signifie que l'on a de la chance en affaires : si l'on court après une voiture, on sera sans emploi pendant une longue période ; si l'on en voit passer une, on se débarrassera d'amis gênants. Si vous êtes dans une voiture et qu'elle s'accidente sans vous blesser, vous aurez de la chance dans vos spéculations ; si vous rêvez que vous êtes tué par la chute, vous devez vous attendre à un malheur. 6, 12, 72.

VOLER. Rêver que l'on vole dans les airs est d'excellent augure ; si l'on est amoureux, la personne que l'on aime vous sera fidèle ; et si l'on se marie, on aura beaucoup d'enfants, qui seront tous très bien et heureux. 35.

VOL. Si vous rêvez d'être volé, c'est un signe que vous ferez une bonne spéculation de quelque sorte ; rêver que vous volez vous-même un article particulier, prédit que vous aurez bientôt besoin de cette chose ; ainsi, si vous imaginez que vous volez de l'argent, vous en manquerez cruellement. 49, 16.

VOLEUR. Si vous rêvez que des voleurs s'introduisent dans votre maison et vous volent, c'est un signe d'honneur ou de profit - plus le vol est important, plus votre bonne fortune sera grande : si vous rêvez que vous attrapez un voleur et que vous le livrez aux officiers de justice, cela indique que vous aurez des problèmes en rapport avec votre bonne fortune. 49, 16, 3.

VOMISSEMENTS. Rêver de vomir est généralement un signe de santé : si vous imaginez que vous vomissez des vers, cela prédit que vous aurez de la chance en évitant une perte ou un vol. 14, 65.

VOTE. Rêver que l'on vote est mauvais, surtout pour une personne malade : pour une femme nouvellement mariée, rêver qu'elle vote est un signe certain que son premier enfant sera un garçon, qui recevra de grands honneurs. 9.

VOYAGE. Rêver que l'on voyage en chemin de fer ou en bateau à vapeur est de très bon augure, car cela dénote de l'économie et du succès dans les affaires ; mais si l'on rêve que l'on voyage dans sa propre voiture, cela annonce la pauvreté à la fin, bien que l'on puisse avoir une chance temporaire ; si l'on rêve que l'on a traversé l'océan et que l'on se trouve dans un pays étranger, on peut être sûr que la bonne fortune accompagnera toutes ses transactions commerciales. 6, 11, 66.

YACHT. Rêver que vous voyez un yacht à pleines voiles, alors que vous êtes à terre, est un signe que vous tomberez bientôt amoureux d'une jolie jeune fille ou d'une veuve. Rêver que vous naviguez sur un yacht avec une brise agréable est un bon présage, et dénote le succès dans les affaires, et pour les amoureux, le bonheur. Les rêves de navigation sur des eaux calmes sont bons pour tout le monde, mais rêver que le temps est orageux prédit des querelles et des conflits. (*Voir Navire et Bateau*) 71, 29.

ZÈBRE. Rêver de voir un zèbre, c'est le signe d'une querelle : si vous imaginez que quelqu'un vous a offert un de ces animaux, ou que vous l'avez acheté, cela prédit, à un jeune homme, qu'il épousera une femme riche mais querelleuse, et qu'elle l'ennuiera sans cesse en se vantant de ses biens. 39, 70, 32.

COMMENT TROUVER LES NUMÉROS CHANCEUX AVEC LES DÉS.

Cette méthode de détermination des numéros chanceux a toujours été extrêmement populaire auprès des personnes qui tentent leur chance à la loterie. La méthode de calcul d'un numéro chanceux est la suivante : prenez deux dés et, après les avoir bien secoués dans une boîte, lancez-les en prenant soin de noter le nombre total de points sur les faces supérieures des dés, puis répétez l'opération et notez à nouveau le nombre de points comme précédemment. Ensuite, consultez le tableau annexé et vous trouvez le numéro de votre premier lancer, puis vous suivez la ligne jusqu'à ce que vous arriviez au numéro correspondant à votre deuxième lancer sur le côté opposé du tableau. Par exemple, nous supposons que vous lancez la première fois et que le nombre de points est égal à 4. Vous devez alors regarder en haut de la ligne et trouver le chiffre romain IV. Vous lancez une deuxième fois et vous obtenez 7 points ; vous les trouverez sur la colonne extérieure, à gauche, marquées VII. Il ne vous reste plus qu'à placer votre doigt sur le IV en haut de la table et à suivre la ligne jusqu'à VII de l'autre côté de la table, où vous trouverez le nombre 43, qui est le nombre porte-bonheur. Si vous arrivez à un chiffre (0), vous devez relancer. En suivant ces instructions simples, vous pouvez obtenir autant de bons numéros que vous le souhaitez.

TABLEAU POUR TROUVER LES NUMÉROS CHANCEUX.

I	II	III	IV	V	VI	VII	VIII	IX	X	XI	XII
II	75	0	18	0	16	0	78	0	44	0	39
III	64	28	0	2	0	55	0	21	0	51	0
IV	1	0	70	0	32	0	29	48	35	0	12
V	53	69	0	5	40	61	0	9	42	73	0
VI	46	54	7	76	38	49	11	33	27	0	66
VII	0	58	43	8	77	0	25	67	19	3	0
VIII	50	0	22	0	65	0	72	0	36	0	47
IX	0	13	0	31	10	0	60	15	0	4	0
X	23	0	59	0	71	0	6	68	34	0	20
XI	0	74	14	52	62	24	0	30	0	17	0
XII	57	0	41	26	0	37	63	0	45	0	56

LE CHARME DU CHANGEMENT.

Au moment de vous mettre au lit, enlevez votre petite culotte et tournez-la à l'envers ; suspendez-la au dossier d'une chaise, en ayant pris soin de placer la chaise en face du lit. Ce faisant, répéter les lignes suivantes :

« Mari ! approche et sans crainte
Assieds-toi sur cette chaise, et sois ainsi au plus proche
De la fille que ton cœur chérit le plus
Et si ton amour est sincère,
Pour elle, cette nuit apparaît ! apparaît ! »

Vous devez alors vous mettre au lit à l'envers et dormir en chemise de nuit sans vous déplacer. Vous rêverez probablement de voir un jeune homme agréable, auquel cas votre mariage dans l'année est certain. Si vous ne rêvez pas d'un homme, vous ne vous marierez jamais. Vous devez être seule pour essayer ce charme, car si vous parlez à quelqu'un, ou si quelqu'un dans la pièce parle, il se rompt immédiatement.

LA CARTOMANCIE AVEC UN JEU DE CARTES COMMUN

Prenons un paquet de trente-deux cartes, comme celui utilisé pour le jeu d'Euchre. Chacune de ces cartes a sa *propre* signification. Mais lorsqu'elle est associée à d'autres cartes, sa signification est dite *conditionnelle*.

SIGNIFICATION PARTICULIÈRE DES CARTES.

 (PIQUES.)

As : Des nouvelles désagréables, peut-être la nouvelle d'un décès.

Sept : Maladie dangereuse, ou quelque chose de très désagréable.

Huit : Chagrin, contrariété.

Neuf : Querelles, procès, paroles fortes, coups.

Dix : Non-réalisation d'un souhait - déception d'un espoir chéri, accidents imprévus.

 (Trèfles.)

As : Un cadeau, un témoignage d'honneur et de distinction.

Sept : Un héritage, un gain, un profit.

HUIT : Prospérité, richesse, succès dans les affaires.

NEUF : Demande en mariage.

DIX : Bonne fortune dans les jeux de hasard, dans les spéculations à la loterie, dans la recherche d'un trésor.

 (DIAMANTS.)

AS : Une lettre, des nouvelles - bonnes ou mauvaises - déterminées par les cartes les plus proches.

SEPT : Voyages, une campagne.

HUIT : Un ballon, une compagnie.

NEUF : Maladie - si un valet se trouve du bon côté, vous serez bientôt parrain.

DIX : Une rencontre joyeuse, le retour d'un ami perdu depuis longtemps. Nous parlerons plus loin des cartes illustrées.

 (COEURS.)

AS : Vie domestique tranquille - tranquillité.

SEPT : Tomber amoureux - Amour.

HUIT : Une surprise.

NEUF : Des fiançailles.

DIX : Un mariage.

Lorsque vous expliquez les cartes à quelqu'un, mes chers lecteurs, mélangez le paquet trois fois et laissez la personne qui souhaite connaître sa fortune le couper trois fois de suite. Prenez ensuite les cartes et laissez la personne en question en tirer une. Cette carte tirée est placée en premier sur la table. Ensuite, vous étalez le paquet en quatre rangées, chacune contenant huit cartes. (*Voir la gravure ci-après.*)

La première carte est de la plus haute importance. Elle indique en premier lieu le caractère de la personne qui consulte, et ce selon la règle suivante :

 Colérique, passionné, violent.

 Sanguin, gai, enjoué, joyeux, plein d'esprit

 Flegmatique, pratique, peu excitable

 Mélancolique, sentimental, poétique, talentueux.

72

Comme le caractère humain n'est jamais dépourvu de plus d'une des caractéristiques susmentionnées, la première carte signifie la plus importante, et les cartes qui se trouvent à sa droite et en dessous sont prises en compte, ce qui modifie ou corrobore la signification de la première carte.

Si la personne en question est une dame et qu'elle a, par exemple, tiré un trèfle, la reine de trèfle est elle-même, le valet de trèfle est son intention, le roi son père ou son oncle, selon le cas. Les cartes de l'autre couleur noire représentent ses amis et ses relations. Il en va de même si elle a tiré des cœurs ou des carreaux, mais dans ce cas, les cartes de l'autre couleur rouge représentent ses amis et ses relations. Si la personne qui pose la question est un gentleman, c'est la même chose, sauf qu'il est le valet de la couleur qu'il a tirée, et que son intention est la reine.

Cette première carte permet également de juger de l'avenir d'une personne. Si sa signification est joyeuse, la vie de la personne sera heureuse. Si, par exemple, c'est l'as de cœur, cela indique que la personne ne sera jamais sans foyer, un foyer cher et agréable pour elle ; si c'est l'as de trèfle, elle traversera la vie en jouissant d'honneur et de renommée ; si c'est le dix de cœur avec une figure féminine sur l'un des côtés, cela signifie deux épouses ; si c'est avec une figure masculine sur l'un des côtés, et que la personne qui pose la question est une femme, deux maris.

EXEMPLE DE TIRAGE DE LA BONNE AVENTURE AVEC UN JEU DE CARTES D'EUCHRE.

Voilà pour les règles générales. Nous allons maintenant montrer au lecteur comment expliquer les cartes en détail. Nous supposerons que c'est une dame qui demande les cartes et nous nous efforcerons, à l'aide d'un exemple, de donner une explication précise de la méthode à suivre. Étalez les cartes devant vous et observez-les attentivement pendant que vous lisez la fortune que je leur prédis. (*Voir la gravure, ci-dessus.*)

AS DE CŒUR - Le caractère de la jeune femme est, semble-t-il, sentimental, mélancolique, poétique, trois qualités que l'on retrouve plus ou moins ensemble. Si la carte suivante était un coeur, cela indiquerait un tempérament enclin à l'amour. Mais comme les cartes voisines sont des trèfles et des piques, dont deux sont effectivement des trèfles, nous en concluons que la dame fait souvent preuve d'un tempérament gai et sanguin, mais qu'elle peut parfois se montrer très passionnée. Le trait principal de son caractère, cependant, est la mélancolie.

Nous allons maintenant chercher la dame elle-même : elle se trouve être la septième carte de la dernière rangée. Son amant, quant à lui, est la huitième carte de la deuxième rangée. Comme il la précède, cela signifie qu'elle le connaît déjà et qu'ils semblent déjà s'aimer, car une carte d'amour se trouve à côté de lui et une autre à côté d'elle ; cependant, aucune carte ne se trouve entre eux pour les relier, sauf la reine de carreau. Cependant, cela n'est pas tout à fait favorable, car une reine entre un couple d'amoureux signifie une rivale (pour un gentleman, le valet signifie la même chose), et peut aussi bien indiquer une séparation qu'une union, en dépit de sa similitude de couleur. La règle générale est la suivante : si la carte qui relie la reine et le valet est de la même couleur qu'eux, elle indique une union future entre les personnes. (Les cœurs et les carreaux forment une seule couleur, tout comme les trèfles et les piques).

Encore une chose : à partir des cartes qui se trouvent à côté du valet, on peut juger du caractère et de la profession du destinataire de la dame. Dans le cas présent, les cartes à côté du valet de cœur sont deux piques, deux carreaux et un cœur ; son caractère, selon les règles déjà données, est donc colérique, mais parfois mélancolique et sentimental. Dans sa conduite quotidienne, il est pratique et prévenant.

En ce qui concerne sa profession, les différentes couleurs ont la signification suivante :

 Un étudiant, probablement un ecclésiastique

 Un avocat-juriste.

 Un mécanicien, un marchand, ou une personne qui a choisi pour elle-même une carrière pratique.

 Un capitaliste, un génie qui se consacre à une activité favorite, également un militaire.

La carte de droite est généralement décisive, mais comme, dans le cas présent, il n'y a pas de carte de droite, c'est celle de gauche qui prend sa place ; selon celle-ci, le destinataire de la dame est un capitaliste, un génie ou un militaire.

Nous allons maintenant raconter la fortune de la dame dans ses moindres détails.

Nous commençons par l'as de cœur, c'est-à-dire : une manne considérable va se produire dans votre famille, jeune fille. Soit vous ou vos parents tirerez un prix à la loterie, soit le ciel déposera un autre bon morceau dans votre bouche (dix de trèfle).

Cela donnera lieu à un voyage, que vous ferez avec une connaissance (roi de pique et sept de carreau). Ce voyage vous sera très agréable, et vous vous amuserez particulièrement lors d'un bal, auquel vous serez invité par un ami de votre compagnon de voyage (valet de trèfle et huit de carreau). Vous danserez ensuite un cotillon avec un parent de votre choix, peut-être avec votre propre beau-frère (valet de carreau).

En rentrant chez vous, vous trouverez une lettre, à la vue de laquelle vous serez troublé, l'écriture étant celle d'une personne qui ne vous est pas favorable (dame de pique, as de pique). Vous l'ouvrez, et voici qu'il s'agit d'une demande en mariage (neuf de trèfle), émanant d'un parent du monsieur qui vous a invité au bal (roi de trèfle), qui touche le (neuf de trèfle).

Mais comme vous ne vous promettez que des contrariétés (huit de pique) de ce mariage, vous le refusez (dix de pique), et il apparaîtra bientôt qu'une meilleure fortune vous attend (huit de trèfle). Peu après, un mariage a lieu (dix de cœur), celui de votre sœur ou amie (dame de carreau), qui ne s'interpose donc pas entre vous et votre destinée pour vous séparer, mais pour vous unir. Le marié est le monsieur qui était votre partenaire dans le cotillon de ce bal (valet de carreau). À ce mariage, vous verrez entre autres votre prétendant (valet de cœur), que vous connaissez déjà. Vous y rencontrerez également un monsieur qui, la dernière fois que vous l'avez vu, était dangereusement malade (sept de pique, valet de pique et dix de carreau). Votre destinataire saisit l'occasion pour s'offrir à vous, et vous vous fiancez avec lui (neuf de cœur). Vous recevrez un cadeau d'un parent ou d'un ami, peut-être de votre frère (as de trèfle et roi de carreau).

Quelque chose vient maintenant vous séparer de votre fiancé (neuf de pique). On dirait presque que vous êtes jalouse d'une dame qu'il a aimée autrefois (dame de trèfle, sept de cœur). Une lettre très tendre qu'il vous écrit, d'un lit de maladie sur lequel son chagrin l'a prostré (as de carreau, neuf de carreau), vous réconcilie bientôt, et comme peu de temps après survient un événement qui le met en mesure de soutenir une épouse dans l'aisance (sept de trèfle), l'heureux mariage est célébré. Vos chers parents (roi de cœur, roi de carreau et reine de carreau) vous préparent de joyeuses surprises qui feront de ce jour un jour infiniment heureux.

Encore une chose : si le dix de cœur est la dernière carte de la dernière rangée, la personne en question ne se mariera jamais ; sinon, chaque rangée compte une année. On compte d'abord les rangées jusqu'au neuf de cœur (les fiançailles), puis on recommence et on compte jusqu'au dix de cœur (le mariage), c'est-à-dire au cas où le neuf arrive après le dix. Si le neuf arrive avant le dix, on continue à compter sans recommencer.

La jeune femme en question sera donc fiancée dans deux à trois ans, et mariée environ deux ans plus tard, car le neuf de cœur se trouve dans la troisième rangée, et le dix dans la deuxième rangée. Elle a donc près de cinq ans pour profiter de sa vie de célibataire avant de devenir une épouse.

POUR SAVOIR QUI ON DOIT AVOIR POUR MARI.

Vous choisissez les quatre rois dans un paquet et vous les placez côte à côte sur la table.

La dame qui souhaite connaître sa fortune donne à chacune de ces cartes le nom d'un homme de sa connaissance susceptible de la courtiser en mariage. Il est d'usage de prononcer ces noms à haute voix devant la compagnie. Le nom donné au roi de cœur est cependant une exception. Ce secret, la dame le garde pour elle. À ces quatre rois, on peut également ajouter une reine, qui désigne alors le sort de « vieille fille ».

Maintenant, prenez le reste du paquet, mélangez-le soigneusement, laissez la personne en question couper trois fois et commencez à distribuer les cartes sous les rois. Chaque fois qu'un pique est placé sous un pique, un cœur sous un cœur, etc., c'est-à-dire chaque fois qu'une carte de la même couleur est placée sous l'un des rois, la carte de ce roi est déplacée comme suit :

La première fois, il prend une direction de gauche à droite, la deuxième fois, il se met à l'envers, la troisième fois, il se relève pour prendre une position de droite à gauche, et la quatrième et dernière fois, il reprend sa position verticale de départ.

Celui des quatre rois qui, après ces différents changements, reprend le premier sa position de départ, sera l'heureux époux. S'il s'agit de la « vieille fille », vous pouvez imaginer ce qui vous attend.

Après avoir appris par les cartes qui sera le mari, les questions suivantes sont généralement posées : A quel point aimera-t-il sa femme, pourquoi l'épouse-t-il, et quelle est sa profession. On répond à ces questions de la manière suivante :

Rassemblez les cartes, mélangez-les soigneusement et laissez la personne les couper trois fois. Ensuite, lâchez les cartes sur la table, tout en récitant la phrase suivante :

> « De tout cœur, douloureusement,
> Sans commune mesure,
> Par à-coups,
> Pas le moins du monde. »

Répétez cette phrase jusqu'à ce que le roi de cœur fasse son apparition. S'il arrive qu'en posant cette carte sur la table, vous prononciez le mot « cœur », il aimera sa future femme de tout son cœur, et ainsi de suite.

Maintenant, pourquoi il l'épouse ? Distribuez les cartes sur la table, tout en répétant la phrase suivante :

> « Par amour, pour sa beauté,
> Pour le compte de ses parents,
> Pour ses dollars brillants et dorés,
> Sur le conseil d'amis. »

Cette méthode de divination est très divertissante en société, quand on n'a pas le livre pour trouver des réponses plus particulières.

UNE MÉTHODE PERMETTANT DE SAVOIR SI VOTRE SOUHAIT SERA EXAUCÉ.

Prenez un jeu de cartes, mélangez-le et laissez la personne interrogée couper trois fois ; placez ensuite cinq cartes séparément sur la table, puis sur chacune de ces cartes une autre carte prise du dessus, et ainsi de suite jusqu'à ce que le jeu soit épuisé et que les cartes soient divisées en cinq tas à peu près égaux.

La personne en question choisit alors une couleur, pique ou trèfle, etc... ou une carte peut être tirée au préalable pour déterminer la couleur.

Supposons que la couleur choisie soit le carreau : vous prenez le premier tas et jetez toutes les cartes jusqu'à ce que vous arriviez à un matadore de carreau (les matadores sont l'as, le roi, la dame, le valet et le dix). Vous faites de même avec les autres tas. Si l'un des tas ne contient pas de matadore, il est entièrement mis de côté.

Les tas restants sont alors placés l'un sur l'autre dans l'ordre, en commençant par la main gauche, et, sans les mélanger, ils sont disposés en cinq tas, et l'on procède comme précédemment. Cette fois-ci, il y a bien sûr moins de cartes que précédemment, à part les matadores. Après avoir jeté les cartes rencontrées avant de trouver un matadore, vous reprenez les tas et, sans les mélanger, vous les disposez en cinq tas, pour la troisième fois. Cette troisième et dernière fois, vous devez, pour que votre vœu soit exaucé, être en mesure d'écarter toutes les cartes à l'exception des matadores. S'il reste d'autres cartes dans les tas, votre vœu ne sera pas exaucé.

DIRE LA BONNE AVENTURE À L'AIDE DE DOMINOS ET DE DÉS.

La divulgation de l'avenir par les points sur les dominos et les dés est une coutume très ancienne, qui a toujours été pratiquée par les astrologues et les diseurs de bonne aventure les plus célèbres. Les calculs doivent tous être effectués en dessinant un horoscope à partir de chaque domino et des points sur chaque face d'un dé ; le processus est donc extrêmement fastidieux. Nous avons donné dans les pages suivantes les résultats de trois années de travail expérimental sur ce sujet ; pas un travail constant, car il n'y a que quelques heures par an où les étoiles sont dans la bonne position pour dessiner l'horoscope d'un domino particulier. Un grand nombre des signes prédits ici se sont avérés exacts dans la connaissance personnelle de l'auteur, et il ne doute pas qu'ils se révéleront tous exacts.

MÉTHODE POUR DIRE LA BONNE AVENTURE AVEC DES DOMINOS.

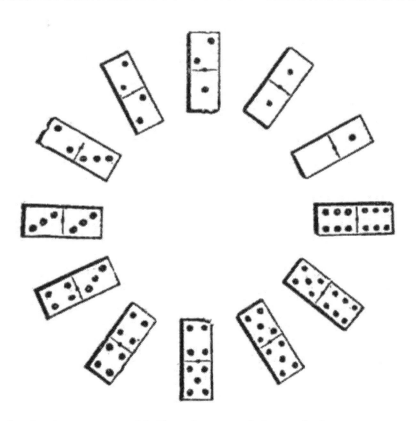

Mélangez bien les dominos sur une table lisse, faces vers le bas, puis tirez-en un et voyez ce qu'il signifie selon la description donnée ci-dessous.

Il est inutile de tirer plus de trois dominos au moment de l'épreuve ou au cours d'un même mois, car on ne fait que se tromper soi-même. Mélangez les dominos à chaque fois que vous choisissez ; tirer deux fois le même domino renforce la réponse.

Soyez très précis et n'essayez pas de dire la bonne aventure en jouant aux dominos le *vendredi* ou le *lundi*.

SIGNIFICATION DES DOMINOS.

DOUBLE-SIX. Dénote une grande richesse par la spéculation, et un mariage heureux et prolifique. Il n'est pas bon pour les fermiers en ce qui concerne les récoltes et le succès dans leur métier, mais il prédit que leurs terres prendront de la valeur et qu'ils pourront gagner de l'argent en les vendant. Si une fille tourne ce domino pour connaître son destin matrimonial, c'est le signe qu'elle se mariera richement et qu'elle aura une famille nombreuse.

SIX-CINQ. Si vous êtes à la recherche d'un emploi, ce domino montre que vous y parviendrez à force de persévérance. Si vous êtes amoureux, ne vous laissez pas décourager par les rebuffades, car le succès vous attend. Si vous avez planté une culture, ou si vous êtes sur le point de le faire, elle donnera de bons résultats. En ce qui concerne les questions d'argent uniquement, vous n'aurez peut-être pas de chance, car le domino n'est pas chanceux pour l'argent. Si votre femme est sur le point de donner naissance à un enfant et que vous tentez votre chance en fonction de cette naissance, ce domino prédit sa mort prématurée. Si vous êtes sur le point d'acheter un bien immobilier, vous aurez de la chance lors de l'achat - si vous achetez de l'argenterie, des bijoux ou une montre, vous serez trompé. Si vous attendez un héritage, vous aurez probablement de la chance et l'obtiendrez.

SIX-QUATRE. Ce domino indique un mariage précoce et beaucoup de bonheur ; les sexes des enfants seront à peu près également répartis, et ils vivront, mais quitteront la maison tôt - les filles pour se marier, et les garçons pour se débrouiller seuls. Il n'indique ni pauvreté ni richesse.

SIX-TROIS. Ce domino dénote la constance et l'affection. C'est un excellent domino pour les amoureux, qui se marieront tôt et jouiront d'un grand bonheur. C'est aussi un signe de richesse et d'honneurs, et aucun problème de quelque nature que ce soit ne viendra entacher votre fortune. Vous risquez cependant de mourir à l'âge mûr, mais si vous survivez à cette période, vous vivrez jusqu'à un âge avancé.

SIX-DEUX. C'est un excellent domino pour les amoureux, car il annonce un mariage heureux. Un gentleman qui tourne ce domino obtiendra une femme ordonnée et économe, et une dame aura la même chance d'avoir un mari économe et industrieux. Ceux qui tournent ce domino pour avoir de la chance dans les affaires, obtiendront tout et plus que ce qu'ils attendent. Pour les personnes malhonnêtes et égoïstes, par contre, le domino est fatal. S'il est tourné pour déterminer le résultat d'un projet qui n'est pas juste et honnête, il prédit un mauvais succès et une exposition. À une femme mariée qui espère donner un héritier à son mari, il présente un enfant beau et sain, qui excellera comme mathématicien et (s'il s'agit d'un garçon) deviendra probablement distingué.

SIX-UN. Ce domino prédit aux jeunes gens qu'ils se marieront deux fois, et que le second mariage sera le plus heureux des deux. Pour les personnes mariées, c'est un signe qu'elles seront mieux loties à l'âge mûr que lorsqu'elles étaient jeunes, et qu'un enfant sera fidèle et restera avec elles, tandis que les autres iront chercher fortune loin de la maison.

SIX-BLANC. Si vous tournez ce domino, vous apprendrez la mort d'un ami estimé ou d'une connaissance, vous subirez la perte d'un parent ou d'un membre de votre famille, ou vous verrez mourir quelqu'un qui vous intéresse. Pour un fermier, un propriétaire de chevaux ou d'autres animaux, il peut s'agir de la perte de certains animaux plutôt que d'êtres humains ; mais il prédit la mort sous une forme ou une autre.

DOUBLE-CINQ. C'est un domino décidément chanceux dans tout ce que vous entreprenez. Il annonce le succès dans toutes les entreprises, mais ne vous assure pas que vous deviendrez riche.

CINQ-QUATRE. Ce domino montre à une dame qu'elle épousera probablement un homme pauvre, qu'elle aura une grande famille d'enfants et qu'elle deviendra veuve. Il se peut qu'il soit assez bien loti, en apparence, lorsqu'elle l'épouse, mais si c'est le cas, elle découvrira qu'il a des dettes et des habitudes coûteuses qui le conduiront à la pauvreté et à la tombe. Ce n'est pas un bon domino pour les questions d'argent, car si vous avez perdu de l'argent ou si des gens vous doivent de l'argent, le retournement de ce domino montre que vous ne serez pas apte à récupérer l'argent. Pour un agriculteur, c'est un signe de bonnes récoltes ; mais c'est aussi un signe que quelque chose de malheureux va se produire en rapport avec la ferme - comme la perte ou la blessure du bétail, ou la destruction d'une propriété quelconque.

CINQ-TROIS. Indique des moyens importants, sans aucune autre particularité de la fortune. Si vous tournez ce domino, vous pouvez calculer que vous ne serez jamais pauvre et que vous deviendrez même très riche. Mais pour quelqu'un qui est déjà riche, cela montre que même s'il ne devient pas pauvre, il ne sera jamais mieux loti qu'il ne l'est actuellement, et peut-être même pas si bien loti que cela. Pour les jeunes, le domino indique une situation confortable après le mariage, mais pas un amour trop ardent. Il n'indique pas de malchance positive en matière d'amour, mais il ne vous assure pas non plus de l'attachement dévoué de votre partenaire pour la vie, quel que soit son sexe. Dans l'ensemble, il s'agit d'un domino assez juste pour que chacun puisse le tourner.

CINQ-DEUX. Si vous êtes amoureux, vous serez probablement malheureux ; en effet, bien que vous puissiez obtenir la personne que vous désirez, et qu'un mariage apparemment heureux puisse s'ensuivre, il s'avérera malheureux à la fin. Néanmoins, votre bonheur peut se poursuivre pendant un certain temps après le mariage. Pour un gentleman, ce domino annonce une femme économe et travailleuse, bien qu'ayant un tempérament ou une disposition malheureuse. Pour une femme célibataire, il indique l'économie et l'indépendance tant qu'elle reste célibataire. Si un homme est engagé dans une spéculation ou s'il est sur le point de démarrer une nouvelle entreprise, il n'a aucune chance de réussir. Si vous êtes candidat à une fonction, vous serez battu. Dans l'ensemble, ce n'est pas un domino chanceux pour les messieurs, mais pour les dames, c'est un domino assez juste.

CINQ-UN. C'est un domino joyeux pour les personnes qui aiment l'excitation. Il prédit que vous recevrez une invitation à un dîner, à une réunion sociale ou à un endroit où vous vous amuserez. Si une femme mariée retourne ce domino, c'est le signe qu'elle présentera à son mari une triple addition à sa famille - tous des garçons. Pour une jeune femme, il prédit un soupirant, qui ne sera ni riche ni raffiné, mais plutôt un rude client, dont elle se débarrassera pour en épouser un autre. Si vous espérez gagner ou recevoir de l'argent, ce domino est celui de la déception.

CINQ-BLANC. Si un homme le tourne, il sera soit un joueur, soit un riche voyou, s'il a assez d'intelligence, et si son intellect n'est pas suffisant, il sera probablement un petit escroc, ou l'amant privilégié d'une femme lubrique, ou les deux à la fois. Bien que ces caractéristiques soient les siennes, les circonstances peuvent le placer dans une position différente, mais il sera toujours mercenaire, égoïste, impudent et sans fierté de caractère. Pour une jeune fille, ce domino prédit un mariage malheureux et le malheur par ce moyen ; mais si elle reste célibataire et se tient à l'écart des amants, elle évitera ce mauvais présage.

DOUBLE-QUATRE. C'est un bon domino pour les amoureux, les agriculteurs et les travailleurs de toutes sortes. Au contraire, les avocats, les médecins, ou les hommes de profession libérale qui le tournent, auront probablement une période de temps difficile à affronter. Aux petites filles et aux petits garçons, il prédit qu'ils seront bientôt invités à une fête et qu'ils auront beaucoup de plaisir. Si quelqu'un s'apprête à donner une fête et qu'il retourne ce domino, il peut s'attendre à passer un excellent moment, car tout se passera bien et la fête sera un franc succès. Il prédit également qu'un mariage aura lieu très bientôt.

QUATRE-TROIS. Ceux qui tournent ce domino se marieront jeunes, vivront heureux et n'auront probablement pas plus d'un enfant qui vivra. Il n'indique ni la pauvreté ni la richesse. Pour un couple sans enfant, c'est le signe d'un second mariage. Si une personne mariée qui a des enfants tourne ce domino, c'est le signe que la famille sera réduite par la mort ou une longue absence.

QUATRE-DEUX. Prévoit un changement dans votre situation, votre condition, votre famille, vos relations ou vos idées. On ne sait pas quel sera le changement, mais le destin a ordonné qu'il y ait vraiment un changement. Il peut s'agir d'un changement sans gravité ou d'un changement qui affectera toute votre vie. Par exemple, une jeune personne qui tourne ce domino peut se marier - ce sera un changement important, mais on ne sait pas si le mariage sera heureux. Une personne mariée peut perdre son partenaire - un homme peut échouer dans ses affaires, ou devenir pieux et entrer dans l'Église - une famille peut se séparer de son foyer et partir en pension, ou perdre son enfant préféré. En effet, un millier de petits incidents peuvent survenir dans la vie et entraîner un changement dans votre routine habituelle. Pour les agriculteurs et les personnes qui travaillent dur pour gagner leur vie, le changement sera probablement favorable ou heureux. Pour les riches et les paresseux, ce sera un changement malheureux. Pour toutes les autres catégories, la nature du changement est incertaine. Si vous avez offensé votre amoureux ou un ami particulier, ce domino montre que vous vous réconcilierez bientôt et deviendrez des amis plus forts que jamais. C'est un domino chanceux pour les agriculteurs dans le domaine des affaires, bien qu'il n'indique aucune bonne fortune particulière qui les attend.

QUATRE-UN. Ceux qui tournent ce domino se marient avec bonheur, et aucun événement exceptionnel ne vient entacher leurs noces : le présage qui s'y rattache indique généralement des couples sans enfants mais bien lotis ; et je constate que lorsque des enfants naissent, les parties perdent leur richesse et leur position proportionnellement au nombre de leurs descendants, qui ne dépassent jamais quatre. Dans la plupart des cas, il n'y a pas d'enfants, mais les moyens sont abondants.

QUATRE-BLANC. C'est un domino malheureux pour les amoureux, car il annonce des querelles et des séparations, de vieilles filles et de vieux célibataires. Une fille qui a un amant et qui tourne ce domino pour découvrir ses particularités, ferait mieux de chercher ailleurs tout de suite, car elle le perdra ou s'en débarrassera certainement. Il en va de même pour un gentleman : il n'épousera jamais la fille qu'il attend et risque d'être plaqué. Pour les personnes mariées, le domino est une promesse prolifique. Une femme mariée qui le retourne aura probablement des jumeaux ou des triplés lors de sa prochaine maternité. Si vous pensez confier un secret à un ami, ce domino indique qu'il ne sera pas gardé. Il prédit également que votre futur mari ou femme sera une personne très crédule - peut-être un adepte du spiritisme ou d'une autre doctrine absurde.

DOUBLE-TROIS. Indique d'immenses richesses, mais n'a aucune allusion au mariage. C'est un excellent domino à tourner, car il indique de l'argent en abondance et n'évoque pas de malhonnêteté : la personne qui le tourne recevra donc beaucoup d'argent, et sera heureuse ou non, selon ce que le destin ordonnera.

TROIS-DEUX. C'est un domino chanceux dans les cas suivants : mariage, amour, récupération d'un bien volé, voyage, spéculation, culture, recouvrement d'une dette ou achat. Ce domino indique également que vous pouvez avoir de la chance en recouvrant une vieille créance ou une dette que vous aviez abandonnée. Il est mauvais pour les joueurs, pour une femme sur le point de donner naissance à un enfant et pour les colporteurs.

TROIS-UN. Une jeune fille qui tourne ce domino risque de perdre sa chasteté ; qu'elle soit donc prudente. Une femme mariée qui tourne ce domino aura un admirateur extérieur qui la flattera en vue d'une intimité inconvenante. Pour un homme, elle annonce la perte d'argent à cause de ses relations illicites avec le sexe opposé. Ce n'est un domino favorable à personne.

TROIS-BLANC. Ce domino indique que votre amie est astucieuse et trompeuse. Si vous vous mariez, votre femme sera soit mégère, soit vaniteuse et sans principes, et peut-être qu'elle s'enfuira et vous déshonorera. Pour une fille, il prédit un mari à la tête de pâte à modeler, facilement influençable et qu'elle pourra faire tourner autour de son doigt. Si vous tournez ce domino, c'est le signe que vous serez bientôt invité à une fête et que vous y ferez une nouvelle connaissance avec laquelle vous vous disputerez par la suite. Si un homme ou une femme marié(e) le tourne, il prédit une querelle de famille.

DOUBLE-DEUX. Le retournement de ce domino indique le succès dans les affaires amoureuses et beaucoup de bonheur dans le mariage, ainsi que de bons enfants qui vivront et seront prospères. Il indique également le succès dans toute entreprise et l'économie, mais pas de grandes richesses.

DEUX-UN. Le retournement de ce domino indique à une dame qu'elle se mariera jeune et que son mari mourra en lui laissant une grande propriété et sans enfant. Pendant longtemps, elle sera une veuve gaie et riche, mais elle sera finalement rattrapée et se mariera avec bonheur. Pour un jeune homme, cela signifie une vie de luxe ; il ne se mariera jamais, mais sera le favori des dames et aura plusieurs maîtresses. Ce n'est pas un bon domino pour les hommes d'affaires, car il annonce des pertes dues à des échecs.

DEUX-BLANC. Le retournement de ce domino dénote la pauvreté et la malchance. Pour une jeune femme qui peut se marier, il prédit un mari pauvre, dissipé et malhonnête. À la naissance d'un enfant - s'il s'agit d'un garçon, c'est le signe qu'il sera pauvre et sans avenir, et peut-être malhonnête - s'il s'agit d'une fille, c'est le signe qu'elle ne fera pas un bon mariage. Ce n'est pas un mauvais domino pour une fille qui vit sans se marier, car elle peut très bien se débrouiller seule. C'est un domino qui porte chance aux voleurs et aux méchants. S'ils le retournent, c'est un signe de réussite dans toute entreprise malhonnête. Si vous tournez ce domino en référence à un voyage, il indique que vous partirez en toute sécurité. Il prédit une délivrance facile au cas où vous seriez attaqué et obligé de vous défendre.

DOUBLE-UN. Indique la constance de l'affection et le bonheur dans l'état matrimonial. C'est un excellent domino à tourner, tant pour les amoureux que pour les personnes mariées, car en plus de ce qui précède, il indique une compétence pour les biens de ce monde.

DOUBLE-BLANC. Le retournement de ce domino est le plus mauvais signe de toute la série et n'est favorable qu'aux malhonnêtes, aux usuriers, aux joueurs, aux tricheurs et aux séducteurs sans scrupules. Pour toute personne sans cœur et égoïste, le retournement de ce domino est un signe de chance - pour tous les autres, c'est la déception. Nous espérons qu'aucune jeune fille ne tournera ce domino pour s'assurer de sa chance de se marier, car il annonce certainement la déception et le chagrin. Si elle a un amant et qu'il l'épouse, il l'abandonnera par la suite. Dans le domaine des affaires aussi, il est résolument défavorable, et c'est un signe que vos affaires vont diminuer. Si vous voulez une situation, vous ne l'obtiendrez probablement pas, et si quelque chose est perdu ou volé, il est peu probable que vous le retrouviez. C'est généralement un assez mauvais domino pour les honnêtes gens, mais un bon pour tous les malhonnêtes qui, s'ils ont obtenu quelque chose par la ruse et la fraude, auront tendance à s'en réjouir.

MÉTHODE POUR DIRE LA BONNE AVENTURE À L'AIDE DE DÉS.

Prenez trois dés, secouez-les bien dans la boîte avec votre main gauche, puis jetez-les sur une planche ou une table sur laquelle vous aurez préalablement tracé un cercle à la craie ; comptez le nombre de points sur les faces supérieures des dés, et regardez la signification des nombres, comme indiqué ci-dessous. Soyez prudent et n'essayez pas de dire la bonne aventure le lundi ou le mercredi, car ce sont des jours malchanceux pour les dés. Le fait de lancer deux fois le même numéro lors d'un même essai indique des nouvelles de l'étranger, quels que soient les numéros. Si les dés roulent au dehors du cercle, le nombre lancé n'est pas pris en compte, mais l'occurrence indique des paroles acerbes, et s'ils tombent sur le sol, ce sont des coups ; en jetant les dés, si l'un reste sur l'autre, c'est un cadeau dont je laisse les dames prendre soin.

SIGNIFICATION DES NOMBRES OBTENUS.

TROIS. Si une jeune fille lance ce nombre (trois un), cela signifie qu'elle aura de nombreux amants et, si elle se marie, qu'elle aura beaucoup d'enfants, puis qu'elle deviendra veuve. Pour un jeune homme, cela signifie qu'il ne se mariera jamais, mais qu'il sera le grand favori des dames, et probablement un gai séducteur. Si une personne mariée le lance, elle deviendra veuve ou veuf, selon le cas.

QUATRE. Le lancer de ce chiffre dénote la frivolité en matière d'amour. Les personnes non mariées qui le lancent auront de nombreux amants ou amoureuses, et ne seront pas pleinement satisfaites de l'un ou de l'autre. Il annonce à une femme mariée que son mari admire le sexe en général autant qu'il l'admire elle-même ; mais il indique aussi qu'elle aura beaucoup d'enfants et qu'elle-même et son mari vivront assez longtemps pour les élever.

CINQ. Lancer ce nombre au dé, c'est présager une bonne chance dans une spéculation foncière à quiconque est sur le point d'acheter des terres. C'est un très bon chiffre pour les fermiers, pronostiquant une saison heureuse à venir. Pour les amoureux, il indique qu'un obstacle se présentera à leur mariage, ou qu'ils se disputeront. Dans une famille, c'est le signe qu'une personne qui n'est pas la bienvenue viendra bientôt. Si vous êtes sur le point de partir en voyage, et que vous lancez ce nombre, vous rencontrerez quelqu'un qui vous dérangera, ou que vous n'aimerez pas, ou bien il se produira un accident désagréable ; mais l'accident ne sera pas grave.

SIX. Si une fille lance ce chiffre (trois deux), cela signifie qu'elle sera d'humeur gaie et aura de nombreux amants, mais ne se mariera jamais ; si elle échappe à des relations illicites, elle aura de la chance et obtiendra probablement de l'argent grâce à sa volonté. Pour un jeune homme, cela signifie qu'il épousera une femme gaie, qui aura des principes peu rigoureux, qu'il aura une maîtresse et qu'il deviendra peut-être joueur. Il ne sera pas pauvre tant qu'il sera jeune et séduisant, mais il mourra jeune ou deviendra pauvre à l'âge mûr. Pour les joueurs, le lancer de ce nombre est un signe de réussite pour gagner de l'argent.

SEPT. Si un homme lance ce nombre, cela signifie qu'il ne se mariera jamais, mais qu'il aura de la chance en affaires. Une jeune femme qui le lance sera susceptible d'épouser un mari riche, bien qu'il puisse ne pas être un compagnon agréable. Pour les agriculteurs et les mécaniciens, ce n'est pas un nombre particulièrement mauvais, bien qu'il ne leur promette pas beaucoup de succès et qu'il prédise qu'ils devront travailler dur pour rester dans la course.

HUIT. C'est le lancer de l'avare ; ceux qui le lancent seront probablement bien lotis, mais pas riches. Il prédit un caractère avare et un caractère trop proche des questions d'argent pour être très prospère. Si une fille le lance pour tester le caractère de son amoureux, elle peut être assurée qu'il ne sera pas pauvre, bien qu'il soit possible qu'il lui mène une vie malheureuse à cause de ses habitudes égoïstes et radines.

NEUF. Si vous lancez ce chiffre aux dés en ce qui concerne votre futur mari ou votre future femme, soyez assuré que vous aurez de la chance dans votre choix. Il annonce une personne ordonnée, énergique et travailleuse. Je ne voudrais pas une meilleure épouse que celle que ce nombre prédit. Pour une jeune fille, il ne promet pas la richesse avec un mari, mais il prédit l'économie et l'abondance, et qu'elle peut être riche aussi. C'est aussi un bon lancer d'affaires qui prédit une bonne chance dans tous les domaines, sauf les jeux de hasard, et qui prédit la malchance dans ces jeux.

DIX. Si une jeune fille lance ce nombre, elle ne se mariera pas très vite, voire pas du tout, mais elle aura de la chance dans d'autres domaines et s'élèvera au-dessus de sa position actuelle dans la société. Si un homme le lance, il obtiendra une femme riche. C'est un nombre favorable au sexe masculin en matière d'amour. Une femme mariée qui le lance s'élèvera dans le monde ou recevra un héritage.

ONZE. Ce tirage annonce l'extravagance et le goût du spectacle. Ceux qui le lancent, ou ceux pour la fortune desquels il est lancé, auront probablement les moyens, mais tout sera dépensé en fêtes de plaisir et en parures personnelles ; et bien qu'ils ne tombent pas dans la pauvreté, ils ne laisseront rien d'autre que des dettes à leurs héritiers. Pour les travailleurs, cela signifie qu'ils seront toujours endettés et qu'ils vivront au-dessus de leurs moyens.

DOUZE. Indique qu'un événement quelconque va bientôt se produire dans vos affaires, que ce soit en bien ou en mal. Pour un fermier ou un ouvrier, ce sera probablement une chance, mais il peut en être autrement. Pour un banquier, un vendeur d'argent ou un bijoutier, c'est généralement un mauvais présage - pour les autres métiers, c'est incertain. Il n'y a pas de référence particulière aux questions amoureuses.

TREIZE. J'espère qu'aucune jeune fille vertueuse ne sera jamais assez malheureuse pour lancer ce nombre, à moins qu'elle ne soit dotée d'une résolution aussi ferme qu'un roc, car il prédit qu'elle sera fortement tentée de devenir prodigue. C'est incontestablement le tirage d'une femme qui n'est pas chaste. Si un homme lance ce nombre, c'est le signe qu'il ne se mariera jamais, mais qu'il fréquentera des prostituées ou vivra avec une femme qui n'est pas son épouse ; s'il le lance dans le but de découvrir le caractère de sa dulcinée, il peut deviner le résultat.

QUATORZE. Il s'agit du lancer du joueur, qui dénote la malhonnêteté et une disposition peu scrupuleuse chez les hommes, et la malchance chez les femmes. Si un homme le lance, il sera soit un joueur, soit un riche voyou, s'il a assez d'intelligence, et si son intelligence n'est pas suffisante, il sera probablement un petit escroc, ou l'amant favori d'une femme lubrique, ou les deux. Bien que ces caractéristiques soient les siennes, les circonstances peuvent le placer dans une position différente, mais il sera toujours mercenaire, égoïste, impudent et sans fierté de caractère. Pour une jeune fille, ce nombre prédit un mariage malheureux et le malheur par ce moyen ; mais si elle reste célibataire et se tient à l'écart des amants, elle évitera ce mauvais présage.

QUINZE. Si vous êtes un spéculateur, un acheteur de billets de loterie ou de polices de loterie, ou si vous êtes engagé dans des jeux de hasard, tels que les paris, les courses de chevaux, le tir à la cible, les paris, ou en fait tout projet par lequel vous espérez gagner de l'argent, ce nombre prédit la malchance et la déconfiture. Si vous tentez votre chance dans ce domaine et que ce nombre apparaît, vous pouvez être sûr de perdre et vous feriez mieux d'abandonner tout de suite. Si vous voulez acheter un terrain, vous ferez une bonne affaire et vous aurez de la chance. Ce nombre annonce de la chance à un agriculteur qui fait ses récoltes, et la même chose à une jeune fille qui choisit un mari ; car même si elle n'obtiendra pas un homme riche, il sera industrieux, économe, à l'aise et aura bon cœur. Pour les personnes qui consomment, ce tirage n'est pas favorable, car dans de nombreux cas, il leur prédit une vie courte.

SEIZE. C'est un chiffre malchanceux pour un commerçant, un banquier ou un mécanicien. Il annonce une certaine forme de malchance, bien qu'il soit généralement le signe avant-coureur d'une activité commerciale dynamique et rentable. Il se peut que les affaires marchent bien d'abord et que la malchance survienne ensuite, ou *vice versa*, mais il est certain que la malchance arrivera quelque part. Pour un agriculteur, ce lancer annonce des récoltes abondantes, et pour un chercheur d'or, la chance et l'abondance du métal précieux. Une jeune fille qui le lance trouvera un mari économe et aura une famille nombreuse.

DIX-SEPT. Si vous êtes une jeune fille et que vous envisagez de vous marier, vous risquez de perdre votre amoureux, à moins qu'il ne soit fermier, jardinier, puisatier, chercheur d'or, brasseur, charbonnier, fossoyeur, ou qu'il n'exerce une profession qui l'oblige à se servir souvent d'une pelle. Si vous envisagez d'épouser un tel homme, ce jet est bon. Pour un homme exerçant une autre profession, il annonce une déception. Pour un jeune homme, ce chiffre indique qu'à force de persévérance et d'industrie, il réussira dans le monde - que la chance lui sourira s'il fait de son mieux pour s'en sortir. Si l'on vous a volé quelque chose, ou si vous avez perdu un bien de valeur en marchant ou à cheval, ce tirage est défavorable ; vous ne récupérerez probablement jamais ce que vous avez perdu.

DIX-HUIT. Les personnes qui lancent ce nombre peuvent se féliciter, car il annonce la richesse, les honneurs et une vie heureuse et satisfaite. Il prédit une prospérité exceptionnelle dans tous les types d'affaires, une bonne chance dans les affaires amoureuses et l'avancement de ceux qui sont honorablement ambitieux. Pour les voleurs et les malhonnêtes, elle est un présage de déconfiture, de détection et de punition.

CHIROMANCIE,
OU PRÉDICTION DE L'AVENIR PAR LES LIGNES DE LA MAIN.

Beaucoup de gens pensent que les prédictions des lignes de la main ne sont que des devinettes, mais c'est une erreur, car elles sont déterminées par des règles simples et une longue observation. Expliquons cela :

Tout d'abord, chaque doigt porte un nom.

(1) L'index :	Jupiter	♃
(2) Majeur :	Saturne	♄
(3) Annulaire :	Le soleil	☉
(4) Petit doigt :	Mercure	☿
(5) Pouce :	Vénus	♀

Chaque main comporte cinq lignes principales.

(1) La ligne de vie :	L. Vitalis.
(2) La ligne naturelle :	L. Naturalis.
(3) La ligne tabulaire :	L. Mensalis.
(4) La ligne de foie :	L. Hepatica.

1. Linea Vitalis.

Si cette ligne est absente ou presque, ce n'est en aucun cas un bon signe. Elle signifie une faible compréhension, un cœur faible et une vie courte et maladive. Cependant, ce n'est pas toujours le cas ; elle indique souvent, surtout chez les femmes, des sentiments changeants, une disposition facilement influencée par les autres et une tendance à l'enthousiasme.

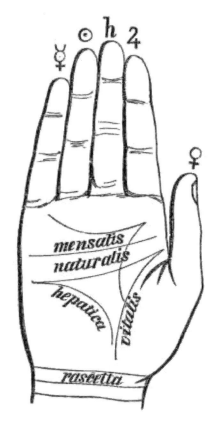

La durée de la vie est proportionnelle à la longueur de la ligne de Vie. Elle commence entre ♃ et ♀ et c'est ici que vous commencez la prophétie.

Chaque nœud de cette ligne représente un obstacle ou, du moins, quelque chose d'important dans la vie. Chaque croisement de lignes plus petites indique un événement désagréable. Plus la croix est grande, plus le malheur est grand.

Dans la plupart des cas, une ou plusieurs lignes vont de la ligne naturelle à la ligne de vie. Cela indique le partenaire de la vie. Le point de jonction indique le moment du mariage. Si le point de jonction se situe près du début de la ligne, le mariage aura naturellement lieu au début de la vie. Si deux lignes se rejoignent sur la ligne de vie, cela indique deux maris (ou femmes). Si aucune ligne ne la rejoint, la personne restera célibataire.

Plus la ligne de Vie est claire et distincte, plus la vie de la personne est heureuse. Lorsqu'elle est fine, profonde et bien définie, elle dénote un caractère énergique et en même temps noble.

84

2. LINEA NATURALIS.

Une longueur régulière et un bon aspect de cette ligne dénotent d'excellents organes digestifs. De grandes croix sur son parcours signifient imprudence, précipitation.

3. LINEA MENSALIS.

Si elle est bien définie, elle indique un tempérament amoureux ; si elle est accompagnée d'une ligne latérale, elle signifie une bonne fortune en amour et dans le mariage. S'il est très large, il indique le bonheur dans la vie domestique. Si elle est interrompue, elle indique cette triste calamité qu'est l'infidélité.

4. LINEA HEPATICA.

S'il est complet et assez long, il promet une santé robuste, une compréhension claire et de la bonne humeur. S'il jette des branches près de son point de départ, il signifie esprit, acuité, présence d'esprit, esprit de malice, voire de mensonge.

5. LINEA RASCETTA.

Lorsqu'elle est complète et ininterrompue, elle indique la bonne fortune dans tous les domaines importants.

De l'annulaire (Solis ☉) partent généralement une ou plusieurs lignes dans la Linea Mensalis. Ces lignes indiquent les différentes inclinaisons du cœur. Si une seule ligne est visible, et si elle est profonde et longue, la personne aime ou aimera fidèlement et chaleureusement. Si l'on trouve à sa place un certain nombre de lignes plus petites, la personne est inconstante, un papillon qui passe d'une fleur à l'autre. Additionnez toutes ces petites lignes, et la somme vous donnera le nombre de fois où la personne tombera amoureuse.

LA PHRÉNOLOGIE ET LA PHYSIOGNOMONIE.

La science de la phrénologie enseigne comment découvrir, à partir de la formation du crâne, les qualités de l'âme et en tirer des conclusions sur le caractère d'un individu. La tête entière est donc divisée en organes. Les principaux d'entre eux sont décrits ci-dessous et constituent tout ce qui est nécessaire à l'instruction du lecteur. Approfondir le sujet dépasserait nos limites.

- 1. La mémoire.
- 2. La causalité.
- 3. La bienveillance.
- 4. L'approbation.
- 5. La représentation.
- 6. L'énergie.
- 7. L'imagination.
- 8. Inclinaison à la mélancolie.
- 9. L'espièglerie.

(*Voir Gravure*).

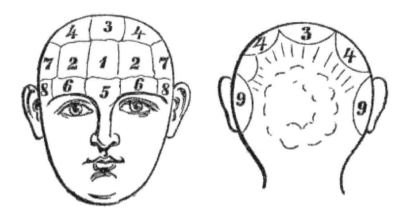

Selon que ces organes sont plus ou moins élevés et bien formés, la particularité de caractère qu'ils indiquent est plus ou moins présente.

LA PHYSIOGNOMONIE, OU TRAITS DE LA TÊTE ET DU VISAGE, nous apprend à juger du caractère d'une personne et des événements liés à sa destinée à partir de la forme, de la couleur et de l'expression de ses traits. Si mes chères lectrices veulent savoir combien de maris elles auront, elles n'ont qu'à rapprocher leurs sourcils et à compter les plis de la peau formés par ce mouvement.

Si mes lecteurs veulent savoir combien d'années il leur reste à vivre, qu'ils élèvent leurs sourcils autant que possible, puis qu'ils comptent les plis du front. Soustrayez le nombre trouvé de cent, et le reste est le nombre d'années qu'il vous est alloué de passer sur cette terre.

DU NEZ. Un nez audacieux et proéminent, généralement appelé nez romain, dénote un tempérament entreprenant. En général, un grand nez est un bon signe. Un nez long est un signe de bon sens, un nez court indique généralement le contraire. Un nez parfaitement droit dénote un esprit élevé et noble, à moins que l'expression des yeux ne contredise ce jugement, et il dénote alors une grande stupidité. Un nez retroussé signifie un esprit de malice, d'esprit, d'audace, s'il n'est pas trop courtaud. Un nez très petit indique une bonne nature, mais en même temps un manque total d'énergie. Un nez rouge dénote un tempérament joyeux ou un penchant pour la boisson, comme tout le monde le sait.

DES LÈVRES. Des lèvres très épaisses indiquent soit une grande stupidité, soit un très grand génie. Des lèvres très fines dénotent la fausseté, surtout si elles sont généralement comprimées. Les lèvres bien faites dénotent une grande décision de caractère, une tournure d'esprit philosophique et souvent une certaine obstination. Une bouche toujours ouverte dit aussi clairement que les mots peuvent le faire : « Je suis un veau ».

DE FOSSETTES. Les fossettes sur les joues sont synonymes d'escroquerie. Mais la fossette du menton, le Dieu de l'Amour l'a lui-même imprimée de son doigt divin.

DE L'ŒIL. L'âme, cependant, réside particulièrement dans les yeux, et la faculté est innée chez tout homme de comprendre leur langue sans l'avoir jamais étudiée. Du moins, il devrait en être ainsi ; les yeux devraient être comme un livre ouvert, que tout le monde peut lire et comprendre. Mais comme il ne faut pas se fier à tous les yeux et qu'ils peuvent parfois vous égarer, je vais vous donner, chers lecteurs, quelques règles pour vous guider sur le chemin de la vie.

Un œil clair, avec la pupille en mouvement continu et légèrement tremblant, dénote une bonne mémoire, mais quelque chose d'égoïste avec une lenteur de compréhension.

Un œil qui, pendant que la personne parle, va et vient, dénote un trompeur. Des yeux très calmes qui ont un effet imposant sur vous et vous embarrassent par leur grand repos, signifient une grande maîtrise de soi, mais en même temps une grande complaisance.

Les yeux qui, d'ordinaire, paraissent impressionnants, mais qui, souvent, brillent soudain d'une lumière claire et agréable, dénotent la sincérité et l'honnêteté, ainsi qu'une bonne compréhension.

Il ne faut pas se fier aux yeux qui ont toujours une expression inquisitrice et qui, soudain, lorsqu'ils se tournent vers une personne, ont une expression extrêmement gentille. Cela indique un tempérament soupçonneux, et celui qui ne fait pas confiance à son prochain ne peut que rarement être digne de confiance.

Un œil dont le blanc a une teinte jaunâtre et est strié de veines rougeâtres dénote des passions véhémentes.

Des yeux très bleus, trahissent un tempérament enclin à la coquetterie.

Yeux gris, intelligence.

Le vert, le mensonge et la propension au bavardage.

Jaunâtre, grand flegme.

Noir, d'un tempérament passionné et vif.

Brun, gentil, bon, joyeux.

Une paire d'yeux qui regarde tout le monde joyeusement et franchement en face, avec un air de joie simple et d'innocence non affectée, mais qui, lorsqu'elle est surprise, tombe à terre avec une certaine timidité modeste, ou qui, lorsqu'elle est offensée par le regard d'un autre, se détourne en rougissant et en se confondant, une telle paire d'yeux indique un caractère aimable, un cœur fidèle, une compréhension saine et une âme pure.

Un être doté d'une telle paire d'yeux, on ne peut s'empêcher de l'aimer. Que les yeux soient noirs, bruns, bleus, gris, verts ou jaunes, que le nez soit courtaud et les traits mal dessinés, personne ne peut s'empêcher de considérer leur possesseur avec un sentiment de bonté et de bonne volonté, voire d'amour véritable.

Des sourcils. Les sourcils droits sont aimables ; les sourcils tombants indiquent une personne efféminée ; les sourcils très poilus indiquent un homme industrieux et affectueux ; les sourcils qui s'étendent jusqu'aux tempes indiquent généralement un homme négligé.

Des oreilles. Des oreilles décollées indiquent généralement peu de raison ; de grandes oreilles pas trop de sagesse ; de très petites oreilles, de la bêtise ; des oreilles carrées de taille moyenne, de la prudence.

Des narines. Les narines épaisses et fortes signifient la force ; si elles sont rondes, claires et allongées, elles sont un signe que la personne est joyeuse et courageuse ; si elles sont étroites et rondes, elles indiquent surtout une personne envieuse et stupide.

De la bouche. Une bouche très grande, avec la lèvre supérieure pendante, signifie généralement une personne stupide et instable, un homme téméraire et un bavard. Une bouche pas trop grande indique un homme audacieux et courageux, et une petite bouche, un homme intelligent.

Du visage. Un visage maigre est l'indice d'un homme sage ; un visage plat et gras indique une personne encline à la querelle. Un visage sans élévation ni gonflement indique une personne pénible ; un visage triste indique tantôt la sottise, tantôt la sagesse ; un visage gras indique un homme enclin au mensonge ; un visage rond signifie la folie ; un grand visage indique un homme lent dans les affaires ; un visage bien proportionné indique une personne qui a des qualités vertueuses.

Des ongles sur les doigts. Les ongles larges indiquent que la personne est timide, craintive, mais de nature douce. Lorsqu'il y a une certaine marque blanche à l'extrémité des ongles, cela indique que la personne a plus d'honnêteté que de subtilité. Les ongles longs et blancs dénotent beaucoup de maladie, mais sont parfois indicatifs de force et de tromperie. Si, sur le blanc, quelque chose de pâle apparaît à l'extrémité, cela indique une vie courte ; mais si le blanc est clair et lisse, cela signifie une longue vie.

De la tête. Une grosse tête indique une personne stupide et terne ; une très petite tête signifie la même chose ; mais la tête d'un homme n'étant ni grande ni petite, c'est le pronostic d'un homme sage ; car tous les extrêmes sont irréguliers et s'écartent de la nature, et l'expérience a montré qu'une grande tête et de petits membres produisent toujours beaucoup d'indiscrétion et de folie chez l'homme ou la femme ; mais nous devons aussi considérer les différentes parties de la tête : et d'abord, la tête est la partie la plus importante de la tête,

DU FRONT. UN FRONT large indique un homme libéral ; mais le front étroit, dénote une personne stupide ; un front long indique une personne apte à apprendre ; un front haut, gonflé et rond, est le signe d'un homme rusé et d'un lâche ; un front plein de rides, indique un homme envieux et rusé.

Mais en vous forgeant une opinion sur les hommes à partir de ces indications ou d'autres, vous devez toujours garder à l'esprit qu'il n'y a pas de règle sans exception.

LA VOYANCE PAR LES GRAINS DE BEAUTÉ.

Ces petites marques sur la peau, bien qu'elles semblent être l'effet du hasard ou d'un accident, et qu'elles puissent facilement passer pour des choses sans importance aux yeux de ceux qui n'y pensent pas, sont néanmoins de la plus haute importance, puisque de leur couleur, de leur situation, de leur taille et de leur apparence, on peut déduire avec précision le tempérament de la personne qui les porte et les événements qui lui arriveront. Bien que les grains de beauté ne soient, dans leur substance, rien d'autre que des excroissances ou des ébullitions résultant de l'état du sang pendant que le fœtus est confiné dans l'utérus, ils ne sont pas donnés en vain, car ils sont généralement caractéristiques de la disposition et du tempérament de ceux qui les portent ; et il est également prouvé par l'expérience quotidienne que, d'après la forme, la situation et d'autres circonstances, ils présentent une forte analogie avec les événements qui doivent arriver à une personne dans la vie future. Mais avant de prétendre donner des indications à ceux qui doivent former le pronostic, et qui désirent être mis à même de prononcer un jugement infaillible, je vais d'abord vous enseigner les pronostics courants des grains de beauté trouvés dans les diverses parties du corps, d'après la doctrine des anciens. Et d'abord, il est essentiellement nécessaire de connaître la grandeur du grain de beauté, sa couleur, s'il est parfaitement rond, oblong ou anguleux ; car chacun de ces éléments ajoutera ou diminuera la force de l'indication. Plus le grain de beauté est grand, plus la prospérité ou l'adversité de la personne sera grande ; plus le grain de beauté est petit, moins son destin sera bon ou mauvais. Si le grain de beauté est rond, il indique le bien ; s'il est oblong, une part modérée d'événements heureux ; s'il est anguleux, il donne un mélange de bien et de mal ; plus sa couleur est profonde, plus il annonce la faveur ou la disgrâce ; plus il est clair, moins il y a de l'un ou de l'autre. S'il est très poilu, on peut s'attendre à beaucoup de malheurs ; s'il n'y a que quelques poils longs, il indique que vos entreprises seront prospères.

Nous remarquerons seulement que les grains de beauté d'une taille et d'une couleur moyennes sont ceux dont nous allons parler maintenant. Le reste peut être déduit de ce que nous venons de mentionner, mais comme il arrive souvent que la pudeur empêche les gens de montrer leurs grains de beauté, vous devez vous fier à la représentation qu'ils en donnent pour vous faire une opinion.

LA SIGNIFICATION DES GRAINS DE BEAUTÉ.

BRAS. (*Droit ou Gauche.*) Montre une disposition courtoise, une grande force de caractère, de la résolution, de l'industrie et de la fidélité conjugale ; il prédit que la personne mènera de nombreuses batailles et réussira dans toutes ; que vous serez prospère dans vos entreprises, obtiendrez une compétence décente et vivrez très heureux - il indique qu'un homme sera veuf à quarante ans, mais chez une femme, il montre qu'elle survivra à son mari.

CHEVILLE. Montre une disposition efféminée, une tendance à s'habiller à la sauvette ; lâcheté chez un homme ; mais chez une femme, cela dénote du courage, de l'esprit et de l'activité - cela prédit le succès dans la vie avec un partenaire agréable, l'accumulation d'honneurs et de richesses, et beaucoup de plaisir dans les affaires de l'amour.

ANUS. A l'extérieur de ce lieu, un grain de beauté prédit que vous serez indolent, désœuvré et pauvre, bien qu'ayant de bonnes capacités.

LES AISSELLES. Vous serez très beau, deviendrez riche et serez bienveillant.

LE DOS. S'il est situé juste en dessous de l'une des omoplates, il signifie que vous connaîtrez le malheur et la défaite dans les entreprises que vous entreprendrez.

VENTRE. Montre une disposition indolente, paresseuse, encline à la gloutonnerie, très égoïste, dépendante des plaisirs de l'amour et de la boisson, négligente dans sa tenue vestimentaire et lâche ; elle dénote peu de succès dans la vie, de nombreuses croix, quelques emprisonnements et des voyages, avec des pertes en mer ; mais elle prédit que vous épouserez un partenaire agréable, d'un tempérament doux, que vous aurez des enfants, qui seront industrieux et deviendront très respectables dans la vie.

LA POITRINE. Montre un tempérament querelleur et malheureux, enclin à la débauche et extrêmement amoureux, indolent et instable ; il dénote une vie ni très prospère ni très misérable, mais passée sans beaucoup d'amis ni beaucoup d'estime.

LE SEIN. Un grain de beauté sur le sein droit indique un tempérament intempérant et indolent, plutôt porté sur la boisson, fortement attaché aux joies de l'amour ; il dénote beaucoup de malheurs dans la vie, avec un renversement soudain de la richesse à la pauvreté - beaucoup d'accidents déplaisants et désagréables, avec un partenaire sobre et industrieux - beaucoup d'enfants, surtout des filles, qui se marieront bien et seront un grand réconfort pour votre vieillesse ; il vous avertit de vous méfier des prétendus amis, qui vous feront beaucoup de mal. Un grain de beauté sur le sein gauche indique un tempérament travailleur et sobre, amoureux et aimant marcher ; il indique un grand succès dans la vie et en amour, que vous accumulerez des richesses et aurez beaucoup d'enfants, surtout des garçons, qui feront fortune sur la mer.

Un grain de beauté sous le sein gauche, sous le cœur, indique un tempérament décousu, instable, porté sur la boisson et peu attentif à ses actes ; chez un homme, il est très amoureux et enclin à s'adonner sans discernement aux plaisirs de l'amour. Chez une femme, il indique la sincérité dans l'amour, l'industrie et un strict respect du caractère ; dans la vie, il indique un mélange varié de bonne et de mauvaise fortune, la première l'emportant plutôt ; il indique l'emprisonnement pour dettes, mais pas de longue durée. Pour une femme, il indique des travaux faciles et des enfants qui deviendront riches, vivront heureux et respectés, et feront de bons mariages.

FESSES. Signifie l'insouciance et la pauvreté, bien qu'il s'agisse d'une bonne capacité ; c'est un signe que vous serez trop paresseux pour faire quoi que ce soit pour vous-même.

JOUE. Un grain de beauté sur l'une des deux joues indique une disposition industrieuse, bienveillante et sobre, portée à la gravité et à la solennité, peu encline aux sports amoureux, mais d'un courage constant et d'une force d'âme inébranlable ; il dénote un succès modéré dans la vie, sans devenir riche ni tomber dans la pauvreté - il prédit également un partenaire agréable et industrieux, avec deux enfants, qui feront mieux que les parents.

MENTON. Un grain de beauté sur le menton indique une disposition aimable et tranquille, industrieuse et très encline aux voyages et aux joies de Vénus ; il indique que la personne aura beaucoup de succès dans la vie, accumulant une grande et splendide fortune, avec de nombreux amis respectables et dignes, un partenaire conjugal agréable et de beaux enfants, mais il indique également des pertes en mer et dans les pays étrangers.

OREILLE. Sur l'une ou l'autre oreille, elle indique la richesse de l'homme ou de la femme. S'il se trouve sur la pointe inférieure de l'oreille, il ne faut pas aller dans l'eau, sinon on se noie.

COUDE. Un grain de beauté sur l'un des deux coudes indique une disposition agitée et instable, avec un grand désir de voyager - beaucoup de mécontentement dans l'état de mariage et d'oisiveté ; il n'indique pas une très grande prospérité, plutôt un état de chute que d'ascension, avec beaucoup d'aventures désagréables, beaucoup de discrédit - un mariage avec une personne qui vous rendra malheureux, et des enfants qui seront désobéissants, et vous causeront beaucoup d'ennuis.

YEUX. Un grain de beauté au coin externe de l'un des deux yeux indique un caractère sobre, honnête et régulier, très enclin aux plaisirs de l'amour ; il annonce une mort violente, après une vie considérablement variée par les plaisirs et les malheurs ; en général, il présage que la pauvreté se tiendra à distance.

SOURCILS. Un grain de beauté sur le sourcil droit signifie un tempérament vif et actif, un grand penchant pour la galanterie, beaucoup de courage et une grande persévérance ; il dénote la richesse et le succès en amour, à la guerre et dans les affaires ; que vous épouserez une compagne agréable, vivrez heureux, aurez des enfants et mourrez dans un âge avancé, loin de chez vous. Sur le sourcil gauche, la tempe ou le côté du front, montre un tempérament indolent et peureux, un penchant pour la débauche et l'alcool, peu enclin aux sports amoureux et très lâche ; prédit la pauvreté, l'emprisonnement et des déceptions dans toutes vos entreprises, avec des enfants peu consciencieux et un partenaire de mauvaise humeur.

DOIGT. Sur l'un des doigts de l'une ou l'autre main, il indique que vous serez un voleur ou une personne malhonnête d'une manière ou d'une autre, et que vous ne serez jamais riche.

LE PIED. Un grain de beauté sur l'un des deux pieds indique un caractère mélancolique et inactif, peu enclin aux plaisirs de l'amour, porté à la lecture et à une vie sédentaire ; ils annoncent des maladies et des malheurs inattendus, avec beaucoup de chagrins et d'ennuis, un choix malheureux d'un partenaire pour la vie, avec des enfants désobéissants et malheureux.

LE FRONT. Si le grain de beauté se trouve au centre du front, il prédit une disposition active et industrieuse, le succès dans les affaires, la richesse, les honneurs, un mariage heureux et un fils qui sera distingué. Mais si le grain de beauté se trouve sur le côté du front, la signification n'est pas aussi favorable, surtout s'il se trouve sur le côté gauche (*voir Sourcil*). Le côté droit du front, ou la tempe droite, montre une disposition active et industrieuse, très portée sur les sports amoureux ; cela dénote qu'elle réussira très bien dans la vie, qu'elle épousera un partenaire agréable, qu'elle parviendra à des richesses et des honneurs inattendus, et qu'elle aura un fils qui deviendra un grand homme.

L'AINE. L'aine droite indique la richesse et les honneurs, mais elle est accompagnée de maladie. Sur l'aine gauche, vous aurez la maladie sans la richesse.

LE GOSIER. Sur cette partie de la gorge appelée gosier, il prédit que vous vous distinguerez d'une manière ou d'une autre et que vous deviendrez riche.

LA MAIN. Les grains de beauté sur l'une ou l'autre main, sinon sur les doigts, indiquent la richesse, l'industrie et l'énergie chez l'un ou l'autre sexe. Vous serez également chanceux et heureux dans vos enfants.

LE CŒUR. Sur le cœur, dénote la méchanceté, la pauvreté et une disposition hâtive et entêtée. (*Voir Sein*).

TALON. Montre une disposition rancunière et malveillante, mais une personne très énergique, qui peut réussir dans ce qu'elle entreprend ; on parlera beaucoup d'elle dans son dos.

HANCHE. Un grain de beauté sur l'une des hanches indique un tempérament satisfait, enclin à l'industrie, amoureux et fidèle dans ses engagements, d'un tempérament abstinent ; il prédit un succès modéré dans la vie, avec beaucoup d'enfants, qui subiront de nombreuses épreuves avec une grande force d'âme, et arriveront à l'aisance et à la richesse, à force d'industrie et d'ingéniosité.

GENOU. Un grain de beauté sur le genou gauche indique un tempérament hâtif et passionné, une tournure extravagante et inconsidérée, peu enclin à l'industrie et à l'honnêteté, très porté sur les plaisirs de Vénus, mais doté de beaucoup de bienveillance ; il indique un bon succès dans les entreprises, notamment dans les contrats, un mariage riche et un enfant unique. Sur le genou droit, montre un tempérament aimable, une disposition honnête et un penchant pour les plaisirs amoureux et l'industrie ; elle prédit un grand succès en amour et le choix d'un partenaire conjugal, avec peu de chagrins, beaucoup d'amis et des enfants obéissants.

JAMBE. Les grains de beauté sur l'une ou l'autre jambe indiquent que la personne est d'un tempérament irréfléchi, indolent, amoureux, porté à l'extravagance et à la dissipation ; cela dénote de nombreuses difficultés dans la vie, mais que vous les surmonterez toutes ; cela indique que l'emprisonnement vous arrivera à un âge précoce, mais qu'en général vous serez plus chanceux qu'autrement ; vous épouserez une personne agréable, qui vous survivra, avec qui vous aurez quatre enfants, dont deux mourront en bas âge.

LÈVRES. Un grain de beauté sur l'une des lèvres indique un appétit délicat, un tempérament sobre et très porté sur les plaisirs de l'amour, un caractère industrieux et bienveillant ; il indique que la personne réussira dans ses entreprises, en particulier dans les affaires d'amour, qu'elle s'élèvera au-dessus de sa condition actuelle et sera très respectée et estimée, qu'elle s'efforcera d'obtenir une situation dans laquelle elle échouera tout d'abord, mais où elle s'imposera par la suite.

PUBIS. Si une femme a un grain de beauté à cet endroit, elle deviendra la mère d'un grand génie, ou bien l'épouse d'un personnage distingué. C'est aussi un signe de richesse.

BOUCHE. (*Voir Lèvres*).

NOMBRIL. Chez une femme, il indique de nombreux enfants, un bon mari et l'abondance des biens de ce monde. Pour un homme, c'est le signe qu'il aura de la chance dans tout ce qu'il entreprendra, qu'il deviendra très riche et qu'il aura un fils qui se distinguera.

COU. Devant le cou, c'est un bon signe ; vous accéderez à des honneurs et à des dignités inattendus, ou vous deviendrez riche. Sur la nuque, c'est un signe de malheur. D'un côté ou de l'autre du cou, il annonce que vous deviendrez méchant ou querelleur ; et s'il se trouve sur le côté droit, derrière l'oreille, c'est un signe que vous serez pendu.

MAMELON. Chez la femme, c'est le signe qu'elle aura un enfant qui deviendra célèbre et distingué dans le monde. Chez l'homme, il indique qu'il aimera les femmes et passera une grande partie de sa vie dans les amours, au détriment de ses propres affaires.

NEZ. Les grains de beauté sur n'importe quelle partie du nez indiquent un tempérament hâtif et passionné, très porté sur les plaisirs amoureux, fidèle à ses engagements, candide, ouvert et sincère en amitié, courageux et honnête, mais très irritable et plutôt porté sur la boisson ; cela dénote un grand succès dans la vie et dans les affaires amoureuses - que vous deviendrez riche, ferez un bon mariage, aurez de beaux enfants et serez très estimé par vos voisins et connaissances - que vous voyagerez beaucoup, en particulier par voie d'eau.

NARINE. L'intérieur de la narine indique que vous serez énergique et persévérant, que vous aurez une bonne situation dans le monde et que vous aurez une bonne épouse ou un bon mari lorsque vous vous marierez.

PARTIES PRIVÉES. Les grains sur ces parties montrent une disposition généreuse, ouverte et honnête, extrêmement disposée à la galanterie et aux joies de Vénus, encline à la sobriété et d'un courage inébranlable ; elle dénote un grand succès dans la dernière partie de la vie, mais de nombreux et graves malheurs dans la première, qui seront supportés avec force ; elle prédit également un mariage heureux et de beaux enfants, qui seront heureux, se développeront bien, et deviendront riches et respectables : pour l'homme, elle indique qu'il aura des enfants naturels, qui feront bonne figure dans la vie, mais qu'il subira beaucoup de fléaux et de vexations de la part de leur mère.

ÉPAULE. L'épaule gauche montre une personne d'un tempérament querelleur, indiscipliné, toujours enclin à se disputer pour des broutilles, plutôt indolent, mais très enclin aux plaisirs de l'amour, et fidèle aux vœux conjugaux. Elle indique une vie peu variée en plaisirs et en malheurs ; elle indique beaucoup d'enfants, un succès modéré dans les affaires, mais des dangers en mer. Sur l'épaule droite se trouve une personne d'un tempérament prudent et discret, possédant beaucoup de sagesse, aimant le secret, très industrieuse, mais peu amoureuse, mais fidèle aux liens conjugaux ; elle indique une grande prospérité et un avancement dans la vie, un bon partenaire et de nombreux amis, et un grand profit d'un voyage dans un pays lointain, vers l'âge de trente-cinq ans.

CÔTÉ. De chaque côté, près de n'importe quelle partie des côtes, se manifeste une disposition indolente, lâche, portée à boire excessivement, d'une capacité inférieure, et peu encline aux plaisirs de l'amour ; cela dénote une vie facile, plutôt de pauvreté que de richesse, peu respectée, un partenaire d'un tempérament inégal et désagréable, avec des enfants peu consciencieux, qui tomberont dans de nombreuses difficultés.

ESTOMAC. S'il se trouve au creux de l'estomac, il indique une personne d'un tempérament frivole, avec peu de bon sens, mais beaucoup d'industrie ; il dénote aussi la richesse. S'il se trouve plus bas sur l'estomac, c'est le signe que vous promettez plus que vous n'accomplissez, mais que vous serez néanmoins très estimé.

CUISSE. Sur la cuisse droite, elle montre que la personne est d'un tempérament agréable, encline à l'amour et très courageuse. Elle indique également le succès dans la vie, l'accumulation de richesses par le mariage, et beaucoup de beaux enfants, principalement des filles. Sur la cuisse gauche, elle indique une disposition bonne et bienveillante, un grand penchant pour l'industrie, et peu d'inclination pour les plaisirs de l'amour. Elle indique également de nombreux chagrins dans la vie, une grande pauvreté, des amis infidèles, et l'emprisonnement par le faux serment de quelqu'un.

GORGE. Il prédit un mariage heureux et riche pour l'un ou l'autre sexe.

LANGUE. Si un homme a un grain de beauté sur la langue, cela prédit qu'il se mariera avec une femme riche et belle, de grande renommée. Sur la langue d'une femme, il indique la réserve des manières et la sagesse, ainsi qu'un mariage heureux.

POIGNET. Les grains de beauté sur le poignet, ou entre celui-ci et l'extrémité des doigts, montrent que la personne est ingénieuse et industrieuse, fidèle dans ses engagements, amoureuse et constante dans ses affections, plutôt d'un tempérament économe, avec un grand degré de sobriété et de régularité dans ses transactions. Elle annonce une acquisition de fortune confortable, avec un bon partenaire et de beaux enfants, mais des circonstances désagréables surviendront vers l'âge de trente ans, qui se prolongeront pendant quatre ou cinq ans. Chez un homme, elle indique qu'il est marié deux fois, chez une femme une seule fois, mais qu'elle survivra à son mari.

DE CHOISIR UN MARI PAR LES CHEVEUX.

NOIR. Généralement en bonne santé, mais enclin à se fâcher ; il aime ce à quoi il s'attache et est susceptible de faire un bon mari et de prendre soin de sa famille ; mais s'il est court et frisé, il est généralement d'un tempérament instable, enclin à faire preuve d'un manque de prudence et d'attention au début de sa vie.

CHEVEUX BLANCS OU CLAIRS. Généralement de constitution faible et maladive, il aime la musique et ne fera pas grande figure dans le monde.

BLOND. Affectueux, mais enclin à la jalousie ; et pas toujours assidu.

BRUN CLAIR. Sensible et de bonne humeur, prudent et attentif, il fait généralement un bon mari s'il économise ses revenus, mais il a tendance à se comporter autrement.

BRUN FONCÉ. Ni très bon ni très mauvais, moyennement bon à tous égards, mais peut être considéré comme un assez bon caractère.

BRUN TRÈS FONCÉ. D'une constitution robuste et d'un caractère grave, mais parfois de mauvaise humeur et peu sensible, et aimable avec une bonne épouse.

ROUX. Il sera rusé, astucieux et aimera les compagnes ; il sera généralement d'un tempérament vif et parfois insouciant de l'argent.

SIGNIFICATION DES ONGLES.

ONGLES LARGES. La personne qui a les ongles ainsi, est d'une nature douce, bonne, pusillanime, et d'une grande crainte de parler devant les grands personnages, ou ceux par qui elle est soumise ; elle est aussi coupable d'une extrême timidité.

Lorsqu'il y a à l'extrémité une marque blanche, cela signifie la ruine par négligence. Le parti a plus d'honnêteté que de subtilité.

ONGLES BLANCS. Celui qui a les ongles blancs et longs est maladif et sujet à beaucoup d'infirmités dues aux fièvres ; il est soigné mais pas très fort, à cause de ses indispositions, très porté sur la compagnie des femmes par lesquelles il sera grandement trompé.

ONGLES ÉTROITS. La personne qui a de tels ongles est désireuse d'acquérir des connaissances dans le domaine des sciences, mais elle n'est jamais longtemps en paix avec ses voisins. Mais si l'on ajoute à l'étroitesse un certain degré de longueur, la personne sera entraînée par des propensions ambitieuses, visant toujours des choses qu'elle ne pourra pas obtenir.

ONGLES RONDS. Ils révèlent un homme pressé, mais bon et très indulgent ; un amoureux du savoir, un sentiment libéral, qui ne fait de mal à personne et qui agit selon ses propres principes, mais qui est trop fier de ses propres capacités.

ONGLES LONGS. Lorsque les ongles sont longs, la personne est d'un bon naturel, mais ne fait confiance à personne, étant depuis sa jeunesse familière avec la duplicité, mais ne la pratiquant pas, du fait de sa stricte adhésion à la vertu.

ONGLES CHARNUS. Cette description de l'ongle indique un oisif, aimant dormir, manger et boire, ne se réjouissant pas de l'agitation et de la vie active ; quelqu'un qui préfère un revenu maigre sans industrie à l'opulence à acquérir par l'activité et la diligence.

PETITS ONGLES. Les petits ongles ronds découvrent une personne obstinément colérique, rarement satisfaite, encline à haïr tout le monde, comme se croyant supérieure aux autres, bien que sans aucune raison.

ONGLES PÂLES OU DE COULEUR PLOMB. Une personne mélancolique qui, par choix, mène une vie sédentaire et qui renoncerait volontiers à tout pour étudier et se perfectionner dans les branches savantes et métaphysiques de la philosophie.

ONGLES ROUGES ET TACHETÉS. Colérique et martial, il se délecte de la cruauté et de la guerre ; son principal plaisir est de piller les villes, où chaque particule féroce de la nature humaine est gavée à satiété.

Les taches noires sur les ongles signifient toujours le mal, alors que les taches blanches sont un gage de bien.

LA DIVINATION PAR LE MARC DE THÉ OU DE CAFÉ.

VERSER LE MARC de café ou de thé dans une tasse blanche, bien agiter pour que les particules couvrent toute la surface de la tasse, puis la renverser dans la soucoupe pour que toutes les parties superflues s'écoulent et que les figures nécessaires à la cartomancie soient formées.

La personne qui fait office de diseuse de bonne aventure doit toujours concentrer ses pensées sur la personne à qui l'on va dire la bonne aventure, ainsi que sur son rang dans la vie et sa profession, afin de donner de la vraisemblance à ses prédictions. Il ne faut pas s'attendre à ce qu'en prenant la coupe, les figures soient exactement représentées telles qu'elles sont dans la réalité, mais il suffira qu'elles aient une certaine ressemblance avec l'un des emblèmes ; et plus la fantaisie de la personne qui inspecte la coupe est fertile, plus elle y découvrira de choses.

D'autre part, chaque personne qui prend plaisir à cet amusement doit savoir juger dans quelles circonstances elle doit faire des changements dans le temps en parlant, selon le cas, du présent, du passé ou de l'avenir ; de même, son ingéniosité doit lui indiquer quand parler plus ou moins vivement du sexe.

LES ROUTES, ou lignes séparées, indiquent les chemins ; si elles sont couvertes de nuages et, par conséquent, dans l'épaisseur, on dit qu'elles sont des marques infaillibles, soit d'un grand nombre de revers, soit de revers futurs. Mais si elles apparaissent dans la clarté et la sérénité, elles sont le gage le plus sûr d'un changement heureux proche ; entourées de nombreux points, elles signifient soit un gain d'argent, soit une longue vie.

L'ANNEAU signifie le mariage ; si une lettre se trouve près de l'anneau, elle indique à la personne qui se fait prédire l'avenir l'initiale du nom de la personne à marier. Si l'anneau est dans le clair, il présage une amitié heureuse et lucrative ; s'il est entouré de nuages, c'est le contraire. Mais si l'anneau apparaît au fond de la coupe, il présage la probabilité d'une séparation.

LA FEUILLE DE TRÈFLE EST, ici comme dans la vie courante, un signe de chance. Seule sa position dans la coupe fait la différence, car si elle est en haut, elle indique que la bonne fortune n'est pas loin, mais elle est sujette à des retards si elle est au milieu ou en bas. Si elle est entouré de nuages, elle indique que de nombreux désagréments accompagneront la bonne fortune ; si elle est dégagée, elle pronostique un bonheur serein et non troublé.

L'ANCRE. L'emblème de l'espoir et du commerce, implique le succès des affaires menées sur l'eau et sur la terre, si elle se trouve au fond de la coupe ; au sommet et dans la partie claire, elle montre un amour et une fidélité constants ; mais dans les parties épaisses et nuageuses, elle dénote l'inconstance.

LE SERPENT, qui est toujours l'emblème de la fausseté et de l'inimitié, est également ici un signe général d'ennemi. Au sommet ou au milieu de la coupe, il promet au consultant qu'en agissant toujours correctement, ses ennemis ne pourront pas triompher de lui ; s'il est dans la partie épaisse ou nuageuse, il doit surveiller son tempérament et ses actions avec beaucoup de soin, pour éviter de grands troubles.

LE CERCUEIL. L'emblème de la mort, pronostique ici la même chose, ou du moins une maladie longue et fastidieuse, s'il est dans l'épaisseur ou le trouble. S'il est clair, il indique une longue vie ; s'il est épais, au sommet de la coupe, il signifie un patrimoine considérable susceptible d'être réalisé par une industrie prudente.

LE CHIEN, qui est toujours l'emblème de la fidélité ou de l'envie, a ici une double signification. Si l'image est entourée de nuages et de tirets, cela signifie qu'il ne faut pas compter sur ceux que l'on prend pour des amis ; mais si le chien est au fond de la coupe, il faut se garder d'exciter l'envie ou la jalousie de qui que ce soit, sous peine d'avoir à redouter les effets de l'une et de l'autre.

LE LYS. Si cet emblème se trouve au sommet ou au milieu de la coupe, il signifie que la personne qui consulte a ou aura un bon conjoint ; s'il se trouve en bas, il dénote la colère. S'il est clair, le lys est le gage d'une vie longue et heureuse ; s'il est trouble ou épais, il présage des ennuis et des contrariétés.

LA CROIX, en général, prédit les adversités ; si elle est en haut et dans le clair, elle indique que les malheurs du parti prendront bientôt fin, ou qu'il les surmontera facilement par une conduite prudente ; mais si elle apparaît au milieu ou au bas de l'épaisseur, le parti doit s'attendre à de nombreuses épreuves sévères ; si elle apparaît avec des points, soit dans le clair, soit dans l'épaisseur, elle promet une récompense pour les peines subies.

LES NUAGES. S'ils sont plus brillants que sombres, vous pouvez espérer un bon résultat de vos espoirs ; mais s'ils sont noirs, vous pouvez y renoncer. Entourés de points, ils signifient le succès dans le commerce, si vous économisez et n'êtes pas trop audacieux ; plus ils sont brillants, plus votre bonheur sera grand.

LE SOLEIL EST l'emblème de la plus grande chance et du plus grand bonheur, s'il est dans le clair ; mais s'il est dans l'épaisseur, il indique beaucoup de maladies ; entouré de points ou de tirets, il prédit que, sans beaucoup de circonspection, un changement va bientôt se produire.

LA LUNE. Si elle apparaît en clair, elle dénote de grands honneurs ; dans les parties sombres ou épaisses, elle implique déception et tristesse, qui passeront cependant sans grand préjudice. Mais si elle est au fond de la coupe, le consultant peut s'attendre, par son industrie et sa conduite prudente, à être très chanceux.

L'ÉTOILE indique le bonheur, si elle est claire et au sommet de la coupe ; si elle est nuageuse ou épaisse, elle signifie une longue vie, bien qu'elle soit exposée à divers problèmes. Si elle est entourée de points, elle annonce la fortune et la respectabilité. Plusieurs points indiquent de bons enfants ; entouré de points, il prédit que, sans une bonne éducation, ils vous causeront des chagrins et des contrariétés.

LES MONTAGNES. Si elle ne présente qu'une seule montagne, elle indique la faveur de personnes de rang ; mais plusieurs d'entre elles, surtout dans l'épaisseur, sont signes d'ennemis puissants ; dans la clarté, elles signifient le contraire, ou des amis de la haute vie.

LA LETTRE. Signifie à la fois des nouvelles agréables et désagréables. Si cet emblème est dans la partie claire, il indique l'arrivée rapide de bonnes nouvelles ; entouré de points, il annonce l'arrivée d'une somme d'argent ; mais entouré de nuages, il présage des nouvelles mélancoliques ou mauvaises, une perte ou un autre accident ; s'il est dans la partie claire et accompagné d'un coeur, les amoureux peuvent s'attendre à une lettre favorable ; mais dans la partie épaisse, il dénote le contraire.

L'ARBRE. Un seul arbre indique une bonne santé ; un groupe d'arbres dans la partie claire indique des malheurs, mais qui peuvent être évités par la prudence et des habitudes laborieuses ; plusieurs arbres, bien espacés, promettent que vos souhaits s'accompliront ; s'ils sont entourés de tirets, c'est un signe que votre fortune est en fleur, et ne demande que vos soins et votre prudence pour la mener à maturité ; si les arbres sont accompagnés de points, c'est un signe de richesses.

L'ENFANT. Dans la partie claire, il évoque des relations innocentes entre le consultant et une autre personne ; dans la partie épaisse, il signifie des problèmes dans les affaires amoureuses, et nécessite votre plus grand soin pour éviter de grandes dépenses ; et une famille sans moyens de subsistance.

LA FEMME. Signifie beaucoup de joie en général. S'il est en clair, cet emblème montre un très grand bonheur ; mais dans la partie épaisse, il met en garde contre la jalousie. Si des points entourent l'image, elle représente les enfants et la richesse.

LE PIÉTON. Dénote en général un marchand, de bonnes affaires, des nouvelles agréables, ou la récupération d'objets perdus. Pour la femme, cela signifie un mari gentil et travailleur ; cela signifie aussi des fiançailles et un court voyage.

LE CAVALIER. Indique une lettre, de bonnes nouvelles de l'étranger, une bonne situation, ou autre chose du même genre ; il prédit également qu'une fortune sera obtenue par le soin et l'industrie.

LA SOURIS. Comme cet animal vit à la dérobée, il est aussi l'emblème du vol. S'il est dans le clair, il indique que votre perte sera facilement évitée ; mais s'il est dans l'épaisseur, vous devez faire preuve de la plus grande vigilance.

LA ROSE, OU TOUTE AUTRE FLEUR. Indique généralement le succès dans les sciences ou les arts par l'étude ; si l'on est marié, on peut s'attendre à avoir de bons enfants, et tous les fruits heureux, s'ils n'ont qu'une bonne éducation et de bons exemples.

LE CŒUR. S'il est dans le clair, il signifie un plaisir futur. S'il est entouré de points, il promet la joie de recevoir de l'argent. Si un anneau ou deux coeurs sont réunis, cela signifie que la personne peut s'attendre à se marier ; si une lettre est perceptible à proximité, elle indique l'initiale du nom de la personne.

LE JARDIN, LE BOIS OU LE BUISSON. Signifie une grande compagnie. S'il est dans le clair et avec des feuilles, il indique de bons amis ; s'il est épais, entouré de stries, ou s'il est sans feuilles, il est un gage des caprices de la fortune, et avertit le consultant de faire attention à qui il prend pour ses amis.

LE BÂTON. Prévoit des différends avec des personnes sur des questions d'héritage ; dans l'épaisseur, il dénote une affliction qu'il faudra éviter avec le plus grand soin.

L'OISEAU EN GÉNÉRAL. Dans le clair, il signifie que les désagréments et les ennuis auxquels vous devrez faire face ne seront surmontés qu'en persévérant à faire le bien ; dans l'épaisseur, c'est un signe de bonne vie ; également un voyage rapide, ou un voyage qui, s'il y a des tirets, est susceptible d'être à distance.

POISSONS EN GÉNÉRAL. Implique un événement chanceux au bord de l'eau, s'il est dans le clair, qui arrivera au consultant, ou qui sera le moyen d'améliorer ses affaires. S'ils sont dans l'épaisseur, le consultant peut s'attendre à pêcher en eau trouble. S'il est entouré de points, son destin l'avertit qu'il doit faire preuve de diligence, de tempérance et de frugalité.

LE LION, OU TOUTE BÊTE FÉROCE. En haut, dans le clair, il signifie la prospérité dans les relations avec les personnes de qualité. En bas, il avertit le consultant d'éviter de telles relations et de ne rien faire qui puisse inciter quelqu'un à envier sa fortune.

LES VERS. Au sommet ou au milieu de la coupe, ils indiquent la chance dans le commerce et le mariage ; au-dessous, ils vous mettent en garde contre les rivaux dans les relations amoureuses et contre les envieux dans votre métier et votre profession.

LE POIGNARD. S'il est combiné avec un sablier et dans l'épaisseur, il indique des dangers imminents de toutes sortes ; en amour, la déception ; mais dans le clair, il signifie que votre bien-aimé est fidèle et affectueux envers vous, et que vous avez des chances de vivre une vie longue et heureuse.

DES CHARMES ET DES PRONOSTICS MAGIQUES.

Je donne ici quelques formules magiques et pronostics mystérieux, pour la plupart connus jusqu'à présent seulement des vieux sages et des femmes, dont certains m'ont été confiés par de savants astrologues, et quelques-uns m'ont été révélés par Madame Le Normand, une célèbre diseuse de bonne aventure, dans les prédictions de laquelle l'empereur Napoléon a placé une grande confiance.

POUR PRÉPARER UN PHILTRE D'AMOUR.

Les substances suivantes doivent être recueillies en silence lorsque la pleine lune est dans le ciel : Trois feuilles de rose blanche, trois feuilles de rose rouge, trois myosotis et cinq fleurs de véronique.

Il faut mettre toutes ces choses dans un récipient, puis verser dessus cinq cent quatre-vingt-quinze gouttes d'eau claire de Pâques, et placer le récipient sur le feu ou, ce qui est encore mieux, sur une lampe à alcool. Ce mélange doit bouillir pendant exactement la seizième partie d'une heure.

Lorsqu'il a bouilli pendant la durée nécessaire, retirez-le du feu et versez-le dans un flacon. Bouchez-la hermétiquement et scellez-la. Il se conservera pendant des années sans perdre sa vertu.

Je garantis moi-même que cette potion a un effet certain, car j'ai gagné plus de trente cœurs grâce à elle. Trois gouttes avalées par la personne dont vous désirez l'amour suffiront.

L'EAU DE PÂQUES.

En parlant d'un philtre d'amour, j'ai mentionné l'*eau de Pâques* ; beaucoup de mes lecteurs n'ont, je suppose, jamais entendu parler de cette eau singulière. Je vais vous l'expliquer. C'est l'eau qui est tirée de la rivière le matin de Pâques, avant que le soleil ne l'ait éclairée. Pour l'obtenir, il faut donc se lever le matin de Pâques, alors qu'il fait encore sombre, se rendre à la rivière en silence, remplir sa cruche en silence, puis rentrer chez soi en silence, sans regarder derrière soi. Vous pourrez ensuite vous recoucher et dormir. Cette eau de Pâques a ceci de particulier qu'*elle reste douce toute l'année*. Vous pouvez donc en remplir autant de bouteilles que vous le souhaitez, les boucher hermétiquement et les conserver. Outre son utilisation dans le philtre d'amour susmentionné, elle est bénéfique dans diverses maladies, en particulier dans les maladies des yeux, et c'est en outre un cosmétique approuvé.

UN AUTRE MOYEN DE CONTRAINDRE À L'AMOUR.

Prenez une grenouille saine et bien développée. Placez-la dans une boîte qui a été percée de trous sur toute sa surface à l'aide d'une aiguille à repriser. Portez-la ensuite, au crépuscule, jusqu'à une grande fourmilière et placez-la au milieu de la fourmilière, en prenant soin d'observer un silence parfait.

Au bout d'une semaine, retournez à la fourmilière, sortez la boîte et ouvrez-la ; à la place de la grenouille, vous ne trouverez qu'un squelette. Démontez-le très soigneusement et vous trouverez bientôt parmi les os délicats une écaille en forme de poisson et un hameçon. Vous aurez besoin de ces deux éléments. Le crochet, vous devez vous arranger pour l'attacher d'une manière ou d'une autre aux vêtements de la personne dont vous voulez obtenir l'affection, et si elle l'a porté, ne serait-ce que pendant un quart de minute, elle sera obligée de vous aimer, et continuera à le faire jusqu'à ce que vous lui donniez une pichenette avec l'écaille.

Cette méthode est vieille de plus de trois mille ans et a été pratiquée par trente mille de nos ancêtres avec le plus grand succès.

POUR UNE FILLE DE SAVOIR SI ELLE SE MARIERA UN JOUR.

Empruntez une bague de mariage à une jeune femme mariée - plus elle a été mariée récemment, mieux c'est - et ne lui dites pas, ou ne la laissez pas soupçonner votre but ; portez cette bague au troisième doigt de votre main gauche au moins trois heures après le coucher du soleil avant de vous retirer pour vous reposer. Lorsque vous êtes prête à vous coucher, prenez une demi-feuille de papier blanc pur, sans aucune marque de règle ou autre, posez l'anneau sur le papier et marquez-le de manière à former un cercle de la taille exacte de l'anneau ; écrivez ensuite à l'intérieur du cercle : « Avec cet anneau, j'espère me marier » ; écrivez votre nom au-dessus et votre âge au-dessous ; pliez le papier en trois et mettez-le sous votre oreiller. Avant de vous mettre au lit, suspendez l'anneau par un cheveu de votre tête au-dessus de l'oreiller, de manière à ce qu'il pende à environ 15 cm au-dessus de votre visage. Vous rêverez alors de votre futur mari, si vous devez vous marier un jour. Si vous rêvez de plusieurs hommes, celui dont l'apparence vous plaît le plus sera l'homme. Si vous rêvez exclusivement de femmes ou de filles, vous ne vous marierez jamais. Il peut arriver que votre rêve soit confus et que vous n'en ayez pas un souvenir précis, ou que vous ne rêviez pas du tout, auquel cas vous devez poursuivre le charme en gardant le papier sous votre oreiller pendant trois nuits ; mais l'anneau n'est pas nécessaire après la première nuit.

LE SIGNE DE PAILLE.

Si vous trouvez un brin de paille dans votre chambre, vous pouvez vous attendre à recevoir un visiteur le jour même. S'il y a un grain sur le brin de paille, le visiteur sera un homme, sinon une femme.

LE PRONOSTIC DU CISEAU OU DU COUTEAU.

Si une paire de ciseaux, un couteau ou tout autre instrument pointu tombe accidentellement de votre main et se plante dans le sol, de sorte qu'il reste debout, vous pouvez faire tous les préparatifs nécessaires pour recevoir de la compagnie, car soyez assuré qu'elle ne manquera pas de venir.

LE CHAT ANNONCIATEUR.

Lorsque le chat se lèche et se nettoie, c'est un signe de visite, mais cela est probablement déjà connu de la plupart de mes lecteurs.

SIGNE DE VISITEURS.

Enfin, un quatrième signe de l'approche de visiteurs est le cri de la pie. Comme chacun sait, les pies sont les créatures les plus curieuses de la planète. Elles volent d'un endroit à l'autre et écoutent tout. Lorsqu'elles apprennent que quelqu'un a décidé de vous rendre visite, elles volent vers vous à toute vitesse et vous apportent la nouvelle, car elles sont aussi bavardes que curieuses. Elles se perchent sur votre maison, ou sur un arbre qui se trouve à proximité, ou sur l'herbe, et restent là à bavarder jusqu'à ce qu'elles pensent que vous devez les avoir compris. C'est pourquoi il faut toujours prêter attention à ces oiseaux sages, car il est bon de savoir quand on doit s'attendre à recevoir des visiteurs.

LA NOUVELLE LUNE.

Lorsque vous voyez la nouvelle lune pour la première fois, si vous la regardez par-dessus votre épaule droite, vous pouvez faire un vœu silencieux et vous le réaliserez. Si une jeune fille observe ainsi la nouvelle lune et désire voir son futur mari, elle doit se répéter à elle-même (sans que personne ne l'entende) les lignes suivantes :

« Nouvelle lune, nouvelle lune - priez pour que je voie
Qui doit être mon mari :
La couleur de ses cheveux,
Les vêtements qu'il doit porter,
Et le jour heureux où il m'épousera ! »

Si elle doit se marier cette année-là, elle verra positivement l'homme de son choix avant le déclin de la pleine lune.

LA CLÉ ET LA BRELOQUE DU LIVRE.

Pour découvrir les deux premières lettres du nom d'une future femme ou d'un futur mari, prenez une petite Bible et la clé de votre porte d'entrée, et après avoir ouvert les Chants de Salomon, chap. viii, ver. 6 et 7, placez les gardes de la clé sur ces deux versets, et laissez l'arc de la clé à environ un pouce du haut de la Bible ; Fermez ensuite le livre et attachez-le avec votre jarretière, afin que la clé ne bouge pas, et la personne qui souhaite connaître les initiales de son futur mari ou de sa future femme doit suspendre la Bible en mettant l'index de la main droite sous le nœud de la clé, et l'autre personne de la même manière de l'autre côté du nœud de la clé ; la première doit répéter les versets suivants, tandis que l'autre personne récite l'alphabet en continu.

Avant de commencer, il faut indiquer à la personne qui répète les versets quel s'il s'agit du prénom ou du nom de famille que l'on veut essayer en premier, et prendre soin de tenir la Bible fermement. Quand on arrivera à la bonne lettre, la Bible se mettra à osciller sous les doigts ; on saura alors de quelle lettre il s'agit.

Chants de Salomon, chap. viii, ver. 6 et 7.

« Mets-moi un sceau sur ton coeur, comme un sceau sur ton bras ; car l'amour est fort comme la mort, la jalousie est cruelle comme le tombeau ; ses charbons sont des charbons ardents, dont la flamme est très vive.

Les grandes eaux ne peuvent éteindre l'amour, ni les flots le noyer ; si un homme donnait tous les biens de sa maison pour l'amour, il serait tout à fait méprisé. »

CHARME DE LA CARTE.

Tirez toutes les faces du paquet de cartes et mettez-les dans votre bas le vendredi soir, en plaçant le bas sous votre oreiller. Vous devez trouver dans l'Almanach l'heure précise à laquelle le soleil se lève le samedi matin et, à ce moment-là, tirer une carte. Un roi indique un mariage rapide ; une reine signifie un retard ou le célibat ; un valet est un séducteur gai qui vous causera des ennuis. Le carreau représente la richesse, le cœur le véritable amour, le pique l'économie et le trèfle la pauvreté.

LE PRÉSAGE DE L'ARAIGNÉE.

La présence d'une araignée *le matin* est considérée comme un mauvais présage. Plus l'araignée apparaît tôt le matin et plus elle est grosse, plus le mal qui vous menace est grand. Cependant, c'est à l'*intérieur des portes*, et principalement *dans sa propre chambre*, que l'araignée a cette signification - à l'extérieur des portes - elle ne présage aucun mal. L'*araignée des bois* surtout n'est pas à redouter ; ce que j'ai dit plus haut se rapporte particulièrement à l'*araignée de maison*. Ne tuez jamais, sous aucun prétexte, une araignée des bois. Vous ne feriez qu'attirer sur vous la haine de toute la race des sorcières, et tôt ou tard vous en souffririez.

Lorsqu'elle est trouvée le *soir*, une araignée est synonyme de chance. Plus l'araignée est petite, plus la chance est grande. Je vais vous apprendre la rime suivante :

« Matin, chagrin,
Soir, espoir. »

Les petites araignées sont beaucoup moins maléfiques que les autres, et celles que l'on appelle les pattes longues sont toujours porteuses de chance.

LA CHAÎNE DE CARACTÈRES.

Si le lacet de votre chaussure ou la ficelle de votre tablier se casse, c'est que votre chéri(e) pense à vous.

SIGNE LORSQUE VOTRE OREILLE DROITE A DES PICOTEMENTS.

Si votre *oreille droite* picote, c'est que quelqu'un dit du *bien de* vous, si l'*oreille gauche* picote, c'est que quelqu'un dit du *mal de* vous. Pour savoir qui est cette personne, vous devez prononcer à haute voix les noms de vos connaissances, l'un après l'autre. Le nom sur lequel le picotement s'arrête est le nom de la personne.

SIGNE LORSQUE VOTRE NEZ VOUS DÉMANGE.

Si votre nez vous démange tôt le matin, vous entendrez ce jour-là une nouvelle.

LIT ÉTRANGE.

Placez sous votre oreiller un livre de prières, ouvert lors du service matrimonial, relié avec les jarretières que vous portiez ce jour-là, et un brin de myrte sur la page qui dit « *Avec cet anneau, je t'épouse* », et votre fortune vous sera aussi bien annoncée en rêve que si vous aviez payé un dollar à un astrologue.

LE SIGNE D'UN ÉTERNUEMENT.

Si quelqu'un vous dit quelque chose et que vous êtes obligé d'éternuer peu après, vous pouvez être sûr que ce qu'on vous a dit est vrai.

LE CRICKET.

S'il y a un grillon dans la maison, il ne faut surtout pas le déranger. Pensez au *Grillon sur la cheminée* de Dickens.

UN PRÉSAGE DE RICHESSE.

Lorsqu'une *fourmilière* s'amasse dans votre maison, cela signifie une *richesse à venir - vous* pouvez cependant détruire le nid.

LE PRONOSTIC DE LA GRENOUILLE.

Si la première *grenouille* que vous voyez au printemps de l'année est assise sur un *sol sec*, cela signifie que, durant la même année, vous verserez autant de larmes qu'il en faudrait à la grenouille pour s'enfuir à la nage.

LE JETON DE BOUGIE.

Lorsqu'un gros jeton rouge se forme dans la flamme d'une bougie, cela signifie que celui qui le voit en premier recevra bientôt une lettre.

L'AUGURE DE L'ÉTOILE.

Lorsque vous êtes dehors par une soirée étoilée et que des étoiles filantes apparaissent, tournez votre visage vers les étoiles et prononcez à voix basse le souhait qui vous tient le plus à cœur. Si une étoile jaillit pendant que vous faites cela, vous pouvez être sûr que votre souhait sera exaucé.

COMMENT ÊTRE SÛR D'AVOIR UN PARTENAIRE LORS D'UNE DANSE.

Lorsque vous souhaitez être sûr d'avoir de nombreux partenaires lors d'une danse ou d'un bal, laissez un petit frère ou une petite sœur, ou toute autre personne, tenir un *pouce pour vous, c'est-à-dire* garder sa main fermée comme un poing pendant un quart d'heure, en tenant son *pouce* entre l'*index* et le *majeur*, tout en pensant à vous et en vous souhaitant bonne chance. Cette méthode a un effet merveilleux.

LE PRÉSAGE DE LA MARIÉE.

Si vous voulez qu'il fasse beau le jour de votre mariage, vous devez toujours nourrir fidèlement les chats. Il est vrai que l'on se trompe souvent en pensant qu'il est de mauvais augure qu'il pleuve sur la mariée *dans sa robe de mariée*. Ce n'est pas un mauvais présage, bien au contraire. Mais, avant tout, qu'elle veille à ne pas laisser ses *chaussures se mouiller*. Si mes jeunes lecteurs se donnaient la peine de lire l'ouvrage de Frederika Bremer intitulé « La maison », ils y trouveraient une confirmation de cet avertissement.

POUR SAVOIR SI UNE FEMME ENCEINTE AURA UNE FILLE OU UN GARÇON.

Inscrivez les noms propres du père et de la mère, ainsi que le mois au cours duquel elle a conçu l'enfant, puis, en additionnant tous les nombres de ces lettres, divisez-les par sept ; si le reste est pair, il s'agira d'une fille, s'il est impair, d'un garçon.

LE SIGNE DE LA CORNEILLE.

Si vous voulez savoir comment les choses se passeront pour vous au cours de l'année, vous devez bien observer le premier *corbeau* que vous verrez au printemps. Si, lorsque vous le voyez pour la première fois, il *vole*, cela signifie que vous ferez un voyage qui sera plus ou moins long, selon la distance que l'oiseau parcourt avant de se poser. Il peut aussi signifier un *changement* complet *de domicile*, peut-être à l'occasion d'un mariage. Si vous voyez l'oiseau *assis*, vous resterez chez vous ; s'il *croasse*, il vous arrivera beaucoup de choses auxquelles vous ne pensez pas ; s'il est sur *une patte*, la fortune ne vous sourira pas.

L'AUGURE DU LAPIN.

Si, dans un champ ou sur une route, un *lapin traverse votre chemin*, cela signifie qu'il vous arrivera quelque chose de *désagréable*.

LE JETON POUR LES MOUTONS ET LES PORCS.

Si vous allez en visite et que vous rencontrez des *moutons*, vous serez *bien accueillis* ; mais si vous rencontrez des *porcs*, vous serez *mal accueillis*.

UN CHARME CONTRE LE CAUCHEMAR.

Si vous voulez être à l'abri du cauchemar dans votre sommeil, placez vos chaussures côte à côte sur le sol, au pied du lit, de façon à ce que les orteils pointent *non pas* vers le lit, mais dans la direction opposée, comme s'ils s'*en éloignaient*.

CE QU'UNE TOILE D'ARAIGNÉE ANNONCE.

Si vous vous promenez avec un jeune homme à un moment où ces fils d'araignée blancs comme neige flottent dans l'air, et que l'un de ces délicats voiles fibreux passe *et forme une bande entre vous et lui*, c'est un signe que des sentiments d'une nature tendre vous lieront un jour l'un à l'autre.

COMMENT OBTENIR UN AMOUR.

Si une toile d'araignée épaisse et longue pend du plafond, il faut la balayer le plus vite possible, car elle signifie un *prétendant,* et celle qui aura la toile l'aura.

CE QUE SIGNIFIE UNE PIQÛRE AU DOIGT.

Si vous cousez une nouvelle robe, un nouveau tablier, etc., et que vous vous piquez le doigt avec l'aiguille au point de faire couler du sang, c'est un signe que lorsque vous porterez le vêtement pour la première fois, vous recevrez de nombreux baisers.

LE CHARME DU SEIGLE.

Si vous voulez avoir du pain et des gâteaux en abondance pendant toute l'année, suspendez une pleine gerbe de seigle et une pleine gerbe de blé à un poteau devant la porte, le matin de Noël, afin que les oiseaux puissent venir s'en nourrir.

DE NOMBREUSES MÉTHODES POUR DIRE LA BONNE AVENTURE LE JOUR DE L'AN.

La soirée qui, de toutes les autres, est la plus propice à la magie, est la veille du Nouvel An. C'est une très mauvaise habitude de passer cette soirée *dans un bal,* et il est reconnu que la malchance, plus ou moins grande, suit tout au long de l'année une personne qui a *dansé la fin de l'année et l'entrée dans la nouvelle année.*

Vous devriez passer le réveillon du Nouvel An avec un petit cercle d'amis proches et chers, autour d'un punch, tout en cherchant à savoir ce que l'avenir vous réserve. En premier lieu, cela peut se faire avec du *plomb fondu ou de la cire.* Certains d'entre vous connaissent peut-être cette méthode de recherche de l'avenir, mais il se peut que beaucoup d'entre vous l'ignorent encore. Comme il est du plus haut intérêt que ces personnes connaissent le procédé, je vais leur en donner une brève explication, que les autres pourront ignorer.

LE SORT DU PLOMB ET DE LA CIRE.

Prenez un morceau de plomb ou de cire de bonne taille (le premier est meilleur), placez-le dans un récipient à fondre et dissolvez-le au-dessus des charbons ou d'une lampe à alcool dans laquelle vous avez versé un peu d'alcool. Vous devez ensuite prendre un récipient rempli d'eau (un bol est préférable, qui n'est ni trop profond ni trop peu profond) et y verser le plomb ou la cire, et d'après les différentes figures qu'il forme dans l'eau, vous essayez de dire la bonne aventure.

LE CHARME DE LA SOUCOUPE.

Voici une autre méthode : vous prenez quatre soucoupes ; dans l'une vous mettez une *bague,* dans l'autre un *brin de myrte,* dans la troisième une *pièce d'argent* et dans la quatrième *rien.* Les individus composant la compagnie doivent alors faire le tour de la table, les yeux bandés, l'un après l'autre, et choisir l'une des soucoupes qui, entre-temps, ont été changées de place. Ceux qui choisissent l'anneau seront *fiancés* dans le courant de l'année ; le *myrte* signifie le mariage, la *pièce d'argent la richesse,* la *soucoupe vide le changement de* situation.

COMMENT RECONNAÎTRE LA PREMIÈRE LETTRE DU NOM DE VOTRE FUTURE FEMME OU DE VOTRE FUTUR MARI.

Si vous souhaitez connaître la lettre par laquelle commence le nom de votre future femme ou de votre futur mari, écrivez toutes les lettres de l'alphabet, séparément, sur de petits morceaux de papier, mettez ces morceaux dans une boîte et tirez-en un les yeux bandés.

Tout cela peut être fait avant midi. Mais c'est exactement à minuit que vous pouvez convoquer votre futur mari ou votre future femme et voir son image *dans la cheminée.*

LE SORT DE LA BOUGIE.

Voici une autre méthode : Prenez *deux bougies,* allez un peu avant midi dans une chambre voisine - personne ne doit vous suivre - placez-vous devant le *miroir* et, au moment où il sonne *midi,* prononcez *trois fois votre* nom en entier. Lorsque le dernier son se sera éteint, vous verrez dans le miroir votre futur mari qui vous regarde par-dessus votre épaule.

La compagnie ne doit pas rester ensemble après midi. Lorsque l'année écoulée est terminée et que la nouvelle année est arrivée, vous devez vous embrasser et rentrer chez vous. Vous ne devez pas encore vous coucher, mais consacrer une heure à la solitude, pour réfléchir à tout ce que l'année écoulée a apporté, et pour mettre par écrit les principaux événements, ainsi que l'état de vos esprits. Il serait bon de tenir un journal à cet effet, que l'on ne lirait et n'écrirait que la veille du Nouvel An, et que l'on rangerait soigneusement à d'autres moments. C'est ce que j'ai toujours fait, et je puis vous assurer que c'est avec un sentiment de triste et doux intérêt que je lis maintenant, chaque veille de nouvel an, les quatre-vingt-neuf années de ma vie.

LE CHARME DE LA COQUILLE DE NOIX.

Parmi les charmes que l'on peut pratiquer le soir du Nouvel An, il en est une à laquelle je n'ai pas fait allusion. Chaque personne de la compagnie prend une *coquille de noix* et, après avoir allumé une petite *bougie de cire*, la place dans la coquille. On apporte ensuite un bassin d'eau. Vous placez alors les coquilles de noix, avec les bougies allumées à l'intérieur, dans le bassin. Certaines s'inclineront l'une vers l'autre en flottant, d'autres se repousseront, jusqu'à ce que toutes s'éteignent ou coulent. Les conclusions que l'on peut tirer des différents mouvements de ces petits bateaux magiques en ce qui concerne l'avenir, c'est votre propre esprit qui vous le dira.

LE PONT PRÉSAGE.

Après être rentré chez vous et avoir consacré une heure à la tâche solitaire que je vous ai conseillée (voir CHARME DE LA BOUGIE), prenez un *verre d'eau*, coupez un petit *morceau de bois* et posez-le en croix sur le verre, de façon à ce qu'il s'étende comme un pont, d'un bout à l'autre. Placez ensuite ce verre sous votre lit. La conséquence sera que vous rêverez pendant la nuit que vous marchez sur un pont et que vous tombez dans l'eau. Mais un monsieur apparaît et vous sauve. Ce même monsieur, que vous verrez très distinctement, n'oubliez pas qu'il s'agit de votre futur mari. Un monsieur peut faire la même expérince, et il rêvera la même chose, à la seule différence que c'est une dame qui le sauve, et qu'elle sera sa future épouse.

LE SORT DES CHEVEUX.

Si vous souhaitez qu'une personne pense à vous, arrachez un cheveu de votre tête et soufflez-le en l'air vers le quartier du ciel où vit cette personne, tout en prononçant *trois fois le* nom de cette personne à tue-tête. Pendant ce temps, vous devez être entièrement seule et avoir pensé intensément à la personne pendant au moins un quart d'heure avant. Au même moment, il éprouvera un frisson étrange et ses pensées se tourneront irrésistiblement vers vous.

SIGNE LORSQUE VOUS MOUILLEZ VOTRE TABLIER.

Lorsque vous vous lavez, si vous avez tendance à *mouiller beaucoup votre tablier*, c'est le signe que votre futur mari sera un buveur. Prenez donc garde !

LE ONGLES RONGÉS.

Si une personne a les ongles rongés jusqu'à la moelle, cela signifie qu'elle a un caractère mauvais et malveillant, et vous avez toutes les raisons du monde d'être sur vos gardes lorsque vous avez des relations avec une telle personne.

COMMENT DÉTERMINER LES JOURS DE CHANCE ET DE MALCHANCE DE N'IMPORTE QUEL MOIS DE L'ANNÉE.

Déterminez dans l'Almanach le jour de la pleine lune et comptez le nombre de jours entre ce jour et la fin du mois. Multipliez ensuite le nombre de jours du mois par le nombre déterminé ci-dessus, et le total vous donnera les jours de chance (sous réserve d'un procédé supplémentaire expliqué ci-après), qui doivent être calculés de la manière suivante : si le total est, par exemple, de 516, les jours de chance de ce mois seront le 5 et le 16, et s'il est de 561, les jours seront les mêmes, car il faut toujours transposer les chiffres lorsqu'ils s'accordent. Supposons qu'au lieu de 516, le total soit de 399 ; comme aucun de ces chiffres ne peut être apparié, les jours de chance de ce total sont le 3 et le 9, et le 9 serait considéré comme doublement chanceux, si rien n'indique le contraire.

Les jours de malchance sont déterminés de la même manière, en multipliant le nombre de jours du mois par le nombre de jours écoulés avant la pleine lune.

Après avoir établi votre liste de jours de chance de la manière décrite ci-dessus, vous devez les tester afin de vous assurer qu'il n'y a pas d'influences contraires. Vous pouvez le faire en calculant les jours de malchance. Si vous constatez qu'un jour du mois désigné comme chanceux figure également dans la liste des jours malchanceux, ce dernier est prépondérant et vous devez le rayer de la liste des jours chanceux.

Cette méthode de détermination des jours de chance et de malchance est très ancienne et a été testée à tel point qu'elle est considérée comme exacte par la plupart des astrologues. Autrefois, avant que la masse des gens ne comprenne grand-chose aux chiffres, les diseurs de bonne aventure professionnels demandaient une forte rémunération pour annoncer les jours de chance d'un mois donné, ce qu'ils faisaient de la manière décrite ci-dessus.

Les jours de mariage chanceux pour les filles étaient calculés de la même manière, sauf que l'âge de la fille était utilisé comme multiplicateur, au lieu du nombre de jours dans le mois. Le résultat était déterminé de la même manière, en testant également les jours malchanceux. Ainsi, si une jeune fille âgée de 18 ans envisage de se marier en octobre, elle prend un almanach et détermine le jour de la pleine lune de ce mois. Ce jour est le 24, et le mois compte 31 jours : il en reste donc 7 pour le multiplicateur. Elle multiplie ce chiffre par son âge, 18 ans, et le résultat est 106, ce qui montre que les jours de chance dans ce mois pour se marier sont le 10 et le 6, à moins qu'ils ne soient détruits par le test, qui est déterminé comme suit : Il y a 23 jours avant le 24, et elle doit multiplier 23 par 18, ce qui donne 414, et montre que le 4 et le 14 sont les seuls jours malchanceux pour se marier ; et comme ils n'entrent pas en conflit avec les jours chanceux, le 6 et le 10 peuvent être considérés comme de véritables jours chanceux pour ce mois, en comptant que la lune a été pleine le 24. Pour déterminer son âge, elle doit considérer toute période supérieure à une demi-année comme une année complète.

LA BAGUETTE DE SOURCIER :
OU COMMENT SAVOIR OÙ CREUSER POUR TROUVER DE L'EAU ET TOUTES SORTES DE MÉTAUX.

Dès Agricola, célèbre prestidigitateur qui vivait dans l'Antiquité, la baguette de sourcier était très demandée, et elle a obtenu un grand crédit pour avoir découvert où creuser pour trouver des métaux et des sources d'eau ; pendant quelques années, sa réputation a été en déclin, mais elle a récemment été relancée, et avec beaucoup de succès, car j'ai moi-même constaté, par de nombreuses expériences, que ses effets dépassent l'imagination, et pour permettre à d'autres de faire de même, j'ai établi quelques courtes règles, comme suit :

INSTRUCTIONS POUR LE CHOIX DES BAGUETTES. J'ai constaté par expérience que les baguettes de noisetier et de saule conviennent à toutes les personnes en bonne santé, si elles sont utilisées avec modération et à une certaine distance, après les repas, lorsque l'utilisateur est de bonne humeur. Le noisetier, le saule et l'orme sont tous attirés par les sources d'eau. Certaines personnes ont cette vertu par intermittence ; la baguette qu'elles tiennent dans leurs mains les attire une demi-heure et les repousse l'heure suivante. La baguette est attirée par l'eau, tous les métaux, le charbon, l'ambre et la pierre à chaux, mais avec différents degrés de force.

Les meilleures tiges sont celles du noisetier, car elles sont souples et rugueuses et se coupent mieux pendant les mois d'hiver ; il faut préférer une pousse qui se termine par une fourche égale (*voir figure 1*), d'environ deux pieds et demi de long ; mais comme on trouve rarement une telle fourche, on peut en attacher deux136 simples de la même longueur et de la même taille avec du fil, et elles conviendront aussi bien que les autres. (*Voir Fig. 2.*)

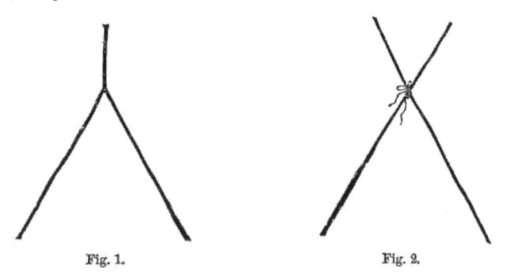

Fig. 1.   Fig. 2.

La méthode la plus commode et la plus pratique pour tenir la canne est d'avoir les paumes des mains tournées vers le haut et les deux extrémités de la canne vers l'extérieur ; les paumes doivent être tenues horizontalement autant que possible ; la partie de la canne dans les mains doit être droite et ne doit être pliée ni vers l'arrière ni vers l'avant ; la partie supérieure du bras doit être maintenue assez près des côtés, les coudes reposant sur ceux-ci, la partie inférieure du bras formant un angle presque droit avec la partie supérieure, mais un peu plus aiguë ; la baguette doit être tenue de façon à ce que, dans son fonctionnement, les côtés puissent s'écarter des petits doigts. La position de la baguette, lorsqu'elle est bien tenue, ressemble beaucoup à la figure suivante (*voir Fig. 3*), où la distance entre les quatre lignes vers le bas correspond à la partie que l'on est censé tenir dans la main.

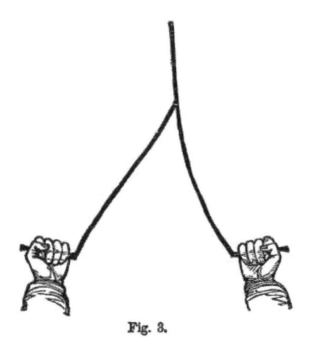

Fig. 3.

137

La meilleure façon de porter la canne est d'en placer l'extrémité dans un angle d'environ quatre-vingts degrés par rapport à l'horizon, car la répulsion est alors plus clairement perçue que si la canne était tenue perpendiculairement. Mais après toutes les indications que l'on peut donner, ce n'est que par la pratique que l'on peut arriver à s'en servir adroitement. Il est nécessaire que la prise soit stable, car si, lorsque la canne est en mouvement, il y a la moindre succession ou contre-action dans les mains, même si elle est minime, cela entravera grandement, et généralement empêchera totalement son activité, qui ne doit pas être réalisée par la simple force de la prise, car si elle est stable, aucune force ne peut l'arrêter.

Dès que le pied le plus avancé de la personne s'approche du corps attirant, l'extrémité de la baguette est repoussée vers le visage (voir Fig. 4). (*Voir Fig. 4.*) Il faut alors ouvrir un peu les mains, replacer la baguette et s'approcher, et la répulsion se poursuivra jusqu'à ce que le pied soit sur ou au-dessus du corps attirant. Dans ce cas, la baguette sera d'abord repoussée un peu, c'est-à-dire de deux ou trois pouces, puis sera attirée vers le corps attirant.

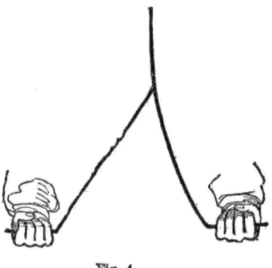

Fig. 4.

Lorsqu'elle a été tirée vers le bas, elle ne doit pas être rejetée en arrière sans ouvrir les mains, une nouvelle prise étant nécessaire à chaque attraction, mais la moindre ouverture de la main est suffisante. Tant que la personne se tient au-dessus du corps attirant, la baguette continue d'être attirée, mais dès que l'avant-pied se trouve au-delà, la baguette est attirée vers le bas, vers le visage. Les métaux ont différents degrés d'attraction : l'or est le plus fort, suivi du cuivre, puis du fer, de l'argent, de l'étain, du plomb, des os, du charbon, des sources d'eau et de la pierre à chaux. Pour faire des expériences courantes, posez le pied sur un morceau ou une pièce de monnaie de l'un de ces métaux, en tenant la baguette dans vos mains comme indiqué précédemment. Pour découvrir des sources et des métaux, il faut tenir la baguette comme indiqué précédemment, puis avancer lentement vers le nord ou vers le sud, un pied devant l'autre. Au début, la baguette peut être repoussée, mais au fur et à mesure que la personne avance lentement et qu'elle rencontre la source ou le filon de minerai, la baguette est fortement attirée. La baguette de sourcier est parfois appelée *Divina Virgula*, et parfois *The Luck Rod*.

JUGEMENTS TIRÉS DE L'ÂGE DE LA LUNE.

1. Un enfant né dans les vingt et une heures qui suivent la nouvelle lune sera chanceux et vivra jusqu'à un âge avancé ; tout ce qui est rêvé ce jour-là sera heureux et agréable pour le rêveur ; diverses entreprises seront couronnées de succès ce jour-là.

2. C'est un jour de chance pour découvrir des choses perdues ou cachées ; l'enfant né ce jour-là s'épanouira, mais il ne faut pas compter sur les rêves.

3. Un enfant né ce jour-là aura la chance d'être soutenu par des personnes influentes, et tous ses rêves se réaliseront.

4. Ce jour est mauvais ; les personnes qui échouent ce jour se rétablissent rarement ; les rêves n'auront aucun effet.

5. Ce jour est favorable pour commencer un bon travail, et les rêves seront assez bien réussis ; l'enfant né ce jour sera vaniteux et trompeur.

6. Les rêves de ce jour ne se réaliseront pas immédiatement, et l'enfant qui naîtra ne vivra pas longtemps.

7. Ne racontez pas vos rêves en ce jour ; si une maladie vous frappe en ce jour, vous vous rétablirez rapidement ; l'enfant qui naîtra vivra longtemps, mais il aura beaucoup d'ennuis.

8. Les rêves de ce jour se réaliseront ; les affaires commencées ce jour prospéreront, et tout ce qui a été perdu sera retrouvé.

9. Ce jour diffère peu du précédent, l'enfant né ce jour-là acquerra de grandes richesses et des honneurs.

10. Ce jour est susceptible d'être fatal ; ceux qui tombent malades se rétablissent rarement ; l'enfant né ce jour sera dévoué à la religion et aura une forme et des manières engageantes ; s'il s'agit d'une femme, elle possédera une part peu commune de sagesse et d'apprentissage ; ce jour est propice pour commencer un voyage, se marier ou s'engager dans les affaires.

11. Les rêves faits ce jour-là sont heureux ; l'enfant qui naît vivra longtemps et sera très sensible ; mais une personne qui tombe malade ce jour-là se rétablit rarement.

12. Les rêves faits ce jour-là se réaliseront rapidement.

13. Si vous demandez une faveur ce jour-là, elle vous sera accordée.

14. La maladie qui frappe une personne en ce jour est susceptible de s'avérer mortelle ; ce qui était perdu hier peut être retrouvé aujourd'hui.

15. L'enfant né ce jour-là sera mal élevé et malheureux ; c'est un bon jour pour le commerce des marchandises.

16. L'enfant né ce jour-là sera stupide ; c'est un jour malchanceux pour se marier ou pour commencer une affaire quelconque.

17. L'enfant né en ce jour sera très vaillant, mais souffrira d'épreuves ; s'il s'agit d'une femme, elle sera chaste et laborieuse, et vivra respectée jusqu'à un grand âge.

18. Ce jour est dangereux ; l'enfant qui naîtra sera malhonnête.

19. Les rêves faits ce jour-là seront vains et faux ; l'enfant qui naîtra grandira en bonne santé et en force, mais il sera d'un caractère égoïste et peu doux.

20. L'enfant qui naîtra sera heureux, d'un visage gai, religieux et très aimé ; toute affaire commencée ce jour-là sera malheureuse.

21. L'enfant né ce jour sera d'un tempérament ingouvernable, abandonnera ses amis, errera dans un pays étranger et sera malheureux tout au long de sa vie ; c'est un jour heureux pour se marier ; et toutes les affaires commencées ce jour-là seront couronnées de succès.

22. L'enfant né ce jour-là sera méchant, rencontrera de nombreux dangers et connaîtra une fin prématurée ; c'est un jour très malheureux, qui menace tout de déceptions et de croix : celui qui tombe malade ce jour-là se rétablit rarement.

23. Les rêves de ce jour sont sûrs, et l'enfant qui naîtra ce jour sera riche et estimé.

24. Ce jour est propice aux rêves ; l'enfant qui naîtra sera d'un tempérament doux et aimable.

25. Ce jour est mauvais pour les rêves, et ceux qui tombent malades ce jour-là courent un grand danger ; l'enfant né ce jour-là fera le bonheur de ses parents, mais ne vivra pas très vieux.

26. Ce jour est propice aux rêves, mais les enfants qui naissent ce jour-là connaîtront de nombreuses difficultés, même si, au bout du compte, ils seront heureux.

27. C'est un jour très malheureux pour chercher quelque chose de perdu, mais un enfant né ce jour-là fera beaucoup de bruit dans le monde, que ce soit en tant qu'homme d'État, soldat, médecin ou ecclésiastique.

28. Un enfant né ce jour-là deviendra un homme riche et vraiment bon s'il naît avant midi, mais s'il naît après cette heure, il est à craindre qu'il soit dissipé ou sans valeur.

29. Les rêves réalisés ce jour-là ne méritent pas qu'on s'y attarde, car ils ne se réaliseront jamais. N'achetez jamais de billet de loterie ce jour-là.

DE CONNAÎTRE LE TEMPÉRAMENT ET LA DISPOSITION DE CHACUN.

LES SIGNES D'UNE DISPOSITION CHOLÉRIQUE SONT LES SUIVANTS,

1. L'habitude du corps chaud au toucher, sec, maigre, dur et poilu.

2. La couleur du visage, jaune.

3. Une sécheresse naturelle de la bouche et de la langue.

4. La soif est grande et fréquente.

5. Activité et inquiétude du corps.

6. Le pouls est dur, rapide et souvent battant.

7. Le crachat est amer.

8. Les rêves portent le plus souvent sur des choses jaunes, des rixes, des combats et des querelles.

LES SIGNES D'UNE CONSTITUTION SANGUINE SONT LES SUIVANTS,

1. L'habitacle du corps chaud au toucher, charnu, mou et poilu.

2. La couleur du corps est fraîche, sanguine et vive.

3. Un blush naturel et constant sur le visage.

4. Le pouls est doux, humide et plein.

5. Le crachat doux.

6. Rêve le plus souvent de choses rouges, de beauté, de fête, de danse, de musique et de tous les loisirs joviaux et agréables.

7. Une habitude constante d'amabilité et d'affabilité.

8. Souvent affecté par la plaisanterie, la gaieté et le rire.

LES SIGNES D'UNE CONSTITUTION FLEGMATIQUE SONT LES SUIVANTS,

1. L'aspect du corps, froid et humide ; au toucher, mou, gras, grossier et non poilu.

2. Une blancheur naturelle constante ou un manque d'enthousiasme au niveau du visage.

3. Le pouls est doux, lent et rare.

4. La soif est faible et le désir de boire rare.

5. Les rêves portent généralement sur des choses blanches, des inondations et des accidents liés à l'eau.

6. Sommeil abondant et fréquent.

7. Lenteur et inertie de l'organisme à l'exercice.

LES SIGNES D'UNE CONSTITUTION MÉLANCOLIQUE SONT LES SUIVANTS,

1. Le corps au toucher, froid, sec, maigre et lisse.

2. Le corps d'une couleur sombre, terne, lugubre, plombée.

3. Les crachats en petites quantités, et aigres.

4. Pouls faible, rare et fort.

5. Ils rêvent de choses terribles, comme des fantômes, des bêtes sauvages, etc.

6. Grandement oppressé par la peur.

7. Constance dans l'accomplissement de la tâche prévue.

LES SIGNES D'UNE PERSONNE GÉNÉREUSE SONT LES SUIVANTS,

1. Le front est large, charnu, uni et lisse.

2. L'œil est humide et brillant.

3. Le visage exprime la joie et le contentement.

4. La voix est agréable.

5. Le mouvement du corps, lent, etc.

LES SIGNES D'UNE PERSONNE MALVEILLANTE.

1. La forme du corps est maigre et dépouillée.

2. Le front est nuageux, maussade et ridé.

3. L'œil baissé et malveillant.

4. Une langue agile.

5. Marcher d'un pas court, rapide et irrégulier.

6. Un murmure secret en marchant.

LA SIGNIFICATION OU LE LANGAGE DES FLEURS.

Aucun livre sur la voyance et les rêves ne serait complet sans la signification des fleurs. Si nous rêvons de ces sourires de la nature ou si on nous les offre, nous devrions immédiatement consulter le langage de Flora et vérifier la signification de notre rêve ou de notre cadeau.

Il n'est pas nouveau d'attacher un sentiment ou une signification à chaque fleur. Dans les pays orientaux, les fleurs ont un langage que tout le monde comprend. C'est cette « petite voix tranquille » qui est puissante en raison de son silence. C'est l'un des principaux amusements des jeunes filles grecques que de laisser tomber ces symboles de leur estime ou de leur mépris sur les divers passagers qui passent devant leurs fenêtres à treillis, et le voyageur peut lire sur les rochers égyptiens des récits des conquêtes de cet ancien peuple enregistrés par des plantes étrangères. En accompagnement, nous donnons un dictionnaire complet de la signification des fleurs.

FLEUR D'ACACIA. Viens dans mon cœur !

ACONIT BLEU. Flatteur, peut-on se fier à toi ?

ACONIT JAUNE. Votre caprice est insupportable.

ROSE DES ALPES. L'amour doit s'aventurer ; la timidité ne peut jamais gagner.

AMARANTE. L'amour est immortel et appartient au ciel.

ANÉMONE. Ma pensée le jour et mon rêve la nuit.

ANEMONE DES BOIS. Votre cruauté me détruit.

ANIS. Il faut que vous fassiez amende honorable.

FLEUR DE POMMIER. Celui qui cueille les fleurs détruit ses espoirs de fruits.

FLEUR D'ABRICOT. Es-tu toujours aussi gai, aussi insignifiant ?

ASTER. Ne pleurez plus, vous le retrouverez dans les étoiles.

FEUILLE DE TREMBLE. Votre cœur bat pour chacun, donc aucun cœur ne bat pour vous.

AURICULA. Qui ne t'aimerait pas ?

BALSAMINE. La splendeur éblouit, la grâce seule enchaîne.

BALSAMINE ROSE. Que mon image demeure toujours dans ton cœur.

L'ORGE. Revenez demain.

FLEUR DE HARICOT. Pardonnez-moi, je vous ai mal compris.

BRANCHE DE BOULEAU. Comme les larmes du chagrin se tarissent doucement sur le sein d'un ami compatissant.

BRANCHE DE MÛRIER. Le contentement et l'amour.

JACINTHE. Soyez simple et humble, et la vie vous apparaîtra toujours sous des couleurs célestes.

BUIS. J'espère toujours.

FLEUR DE SARRASIN. Les vertus domestiques tranquilles, qui ne sont pas un vain spectacle, garantissent à elles seules un bonheur durable.

COSSE. Qui se ressemble s'assemble.

RENONCULE BULBEUSE. Ta présence me console.

FEUILLE DE CHOU. Quand vous reviendrez, revenez sobre.

CAMOMILLE. Pourriez-vous donc aimer quelqu'un d'autre que vous-même ?

L'ŒILLET. Comme je brûle !

CENTAURÉE. Vous ne cherchez qu'à gagner de l'argent, je ne gaspillerai pas mon amour pour vous.

FLEUR DE CERISIER. Quand l'amour teintera-t-il vos joues ?

FLEUR DE MARRONNIER. Toujours comme aujourd'hui.

TRÈFLE. Je vivrai pour toi.

ANCOLIE. Vos paroles sont bonnes, mais que dit votre cœur ?

FRITILLAIRE IMPÉRIALE. Laissez-moi être votre esclave et je serai heureux.

CARDAMINES. Je n'aime pas les longues plaintes.

GROSEILLE À MAQUEREAU. Celui qui m'aime doit partager ma peine et respecter mon chagrin.

CYPRÈS. Quand mon cœur est brisé et que je gis dans la tombe froide, donne-moi au moins une larme.

JONQUILLE. Ne me laissez pas languir !

ANETH. L'amour renforce, je te protégerai.

FLEUR DE SUREAU. Votre fidélité est destinée à une douce récompense.

FEUILLE DE FIGUE. J'ai honte.

LE LIN. M'aimes-tu pour moi-même ?

LA DIGITALE. Seul un imbécile peut être aussi direct que vous.

LE CHOU-FLEUR. Là où vous êtes, c'est toujours le printemps.

LA VIGNE. Ne craignez rien ! L'amour est vainqueur !

L'HERBE. Amour pour amour, vérité pour vérité.

NOISETTE-TAUPE. Pardonnez-moi !

PENSÉE SAUVAGE. Parce que je ressens de l'amitié pour toi, tu t'imagines que je t'aime - tu es dans l'erreur.

BRUYÈRE. Je ne demande que votre amitié.

HÉLIOTROPE. Donnez-moi des preuves de votre amour.

LE CHÈVREFEUILLE. Fidélité éternelle ! Quand nous reverrons-nous ?

HYACINTHE-UNIQUE. Quand je serai morte, vous regretterez votre cruauté.

HYACINTHE-DOUBLE. Le ciel brille dans tes yeux, les anges écoutent tes paroles.

HORTENSIA. Et vous pourriez si vite m'oublier !

IMMORTELLE. Le véritable amour est immuable.

IRIS. Pourquoi as-tu troublé la paix de mon cœur ?

LE LIERRE. Je suis toujours fidèle.

JASMIN. Le calme et le bonheur domestique peuvent-ils vous satisfaire ?

DAUPHINELLE Je cherche à vous aimer.

LAURIER. Tu as mon cœur.

FLEUR DE CITRONNIER. Donnez-moi de l'espoir !

LYS-TIGRÉ. Mon cœur brûle.

LYS-BLANC. Ange, laisse-moi t'adorer.

TILLEUL. Je vous suis favorable.

TIGE D'ÉRABLE. Quoi de plus douloureux que d'être incompris par celui que l'on aime ?

SOUCI. Je ne t'aime pas.

GUIMAUVE. Caresser n'est pas aimer.

MIGNONNETTE. Je ne choisis pas la beauté, mais la bonté du cœur.

MOLÈNE. Si tu m'aimes, je n'envie pas la couronne d'un roi.

CHAMPIGNON. Va-t'en ! Rentre chez toi et pleure sur ton sort !

FLEUR DE MYRTE. Soyez constant, la récompense de l'amour est douce.

L'ORTIE. Attention, la coquetterie est punie.

FEUILLE DE CHÊNE. Ma fidélité défie toutes les tempêtes.

AVOINE. Retourner.

LE LAURIER-ROSE. Vrai jusqu'à la mort.

PERSIL. Tu es amoureux de moi.

PIVOINE. Tu es trop vaniteuse - et de quoi ?

LE PIN. C'est en vain que tu t'efforces de gagner ma confiance - le destin a fait de moi un homme grossier et silencieux.

FLEUR DE GRENADE. Un baiser.

COQUELICOT. Je ne peux pas te supporter, tu es trop stupide.

FLEUR DE POMME DE TERRE. La valeur modeste surpasse l'apparence.

PRIMEVÈRE. Donnez-moi votre amour, je le chérirai fidèlement et en secret.

RENONCULE. Là où tu es, là est ma maison.

BRIN D'HERBE. Donne-moi un baiser.

ROQUETTE. Le sommeil ne visite pas mes paupières ; je me réveille et je te cherche.

ROSE-MENSUELLE. Chaque mois, vous avez un nouvel amour.

ROSE-ROUGE. Vous passez comme un conquérant à travers le monde.

ROSE BLANCHE. Tu es belle dans ton innocence d'enfant, tu seras encore plus belle quand tu seras réchauffée par le souffle de l'amour.

BOUTON DE ROSE. Ta présence me remplit d'un désir céleste.

FEUILLE DE ROSE ROUGE. Oui !

FEUILLE DE ROSE BLANCHE. Non !

ROMARIN. Tu étais absente, la vie s'en est allée ; tu es revenue, je vis à nouveau.

PERCE-NEIGE. Tu as allumé les premières étincelles d'amour dans mon cœur.

LA FRAISE. Ce n'est pas le rang terrestre qui donne le bonheur, mais la valeur et l'amabilité.

POIS DE SENTEUR. Ton nom est inconstance.

ŒILLET DU POÈTE. Les impressions légères et hâtives sont vite effacées.

CHARDON. Vos paroles m'offensent, vous me blessez profondément.

LE THYM. Je ne vous ai pas compris.

VÉRONIQUE. Que serait ce monde sans toi ?

VIOLETTE. Je t'aime pour ta douce modestie.

FEUILLES D'HIVER. Restez constants et fidèles, et nous nous reverrons.

L'ORMEAU DES BOIS. Tu illumines mon existence comme les étoiles illuminent la nuit.

TRENTE SIGNIFICATIONS PHYSIOLOGIQUES.

LA FORCE DU CORPS se manifeste par des cheveux raides, de gros os, des membres fermes et robustes, un cou court et musclé, ferme et droit, la tête et la poitrine hautes, le front court, dur et bombé, avec des poils hérissés, de grands pieds, plutôt épais que larges, une voix dure et inégale, et un teint colérique.

LA FAIBLESSE CORPORELLE SE CARACTÉRISE par une petite tête mal proportionnée, des épaules étroites, une peau douce et un teint mélancolique.

Les SIGNES D'UNE LONGUE VIE sont des dents solides, un tempérament sanguin, une stature moyenne, des lignes de la main larges, profondes et rouges, des muscles importants, des épaules voûtées, une poitrine pleine, une chair ferme, un teint clair, une croissance lente, des oreilles larges et de grandes paupières.

Une langue épaisse, l'apparition prématurée de molaires, des dents minces et inégales, des lignes confuses dans la main, une croissance rapide mais faible, permettent de conclure à une VIE COURTE.

On peut attendre un BON GÉNIE d'une peau fine, d'une taille moyenne, d'yeux bleus vifs, d'un teint clair, de cheveux raides et assez forts, d'un aspect affable, de sourcils joints, de modération dans la gaieté, d'un visage ouvert et joyeux, et de tempes un peu concaves.

On reconnaît UN CANCRE à son cou gonflé, à ses bras, ses flancs et ses reins dodus, à sa tête ronde, concave derrière, à son grand front charnu, à ses yeux pâles, à son regard terne et lourd, à ses petites articulations, à ses narines reniflantes, à sa propension au rire, à ses petites mains, à sa tête mal proportionnée, soit trop grande, soit trop petite, à ses lèvres charnues, à ses doigts courts et à ses jambes épaisses.

LA FORCE est promise par une bouche large, une voix sonore, grave, lente et toujours égale, une posture droite, de grands yeux, assez ouverts et fixes, les cheveux élevés au-dessus du front, la tête très comprimée ou aplatie, le front carré et haut, les extrémités larges et robustes, le cou ferme mais non charnu, une poitrine large et corpulente, et le teint brun.

L'AUDACE se caractérise par une bouche proéminente, une apparence rude, un front rugueux, des sourcils arqués, des narines et des dents larges, un cou court, de grands bras, une poitrine ample, des épaules carrées et un visage tourné vers l'avant.

LA PRUDENCE se distingue généralement par une tête plate sur les côtés, un front large et carré, un peu concave au milieu, une voix douce, une poitrine large, une chevelure fine, des yeux clairs, bleus, bruns ou noirs, de grands yeux et un nez aquilin.

UNE BONNE MÉMOIRE est généralement attachée aux personnes qui sont plus petites, mais mieux formées dans les parties supérieures que dans les parties inférieures, pas grasses mais charnues, d'une peau claire et délicate, avec la nuque découverte, le nez crochu, les dents serrées, les grandes oreilles avec beaucoup de cartilage.

UNE MAUVAISE MÉMOIRE est observable chez les personnes dont les parties supérieures sont plus grandes que les inférieures, charnues, bien que sèches et chauves.-N. B. Ceci est expressément contraire à l'opinion d'Aristote, qui dit que les parties supérieures étant plus grandes que les inférieures signifient une bonne mémoire, et *vice versa*.

UNE BONNE IMAGINATION ET UNE DISPOSITION RÉFLÉCHIE SE distinguent par un grand front proéminent, un regard fixe et attentif, une respiration lente et une inclinaison de la tête.

Les personnes qui ont des cils généralement noirs, épais et droits, de grands sourcils broussailleux, des yeux concaves, pour ainsi dire contractés vers l'intérieur, bénéficient d'UNE BONNE VUE.

LES MYOPES ont un regard sévère et sérieux, des sourcils petits et courts, de grandes pupilles et des yeux proéminents.

L'OUÏE : ceux qui la possèdent en perfection ont les oreilles bien garnies de poils, bien canalisées et poilues.

LE SENS DE L'ODORAT est le plus parfait chez ceux qui ont un grand nez, descendant très près de la bouche, ni trop humide ni trop sec.

UNE BONNE FACULTÉ DE DÉGUSTATION est propre à ceux qui ont une langue spongieuse, poreuse, molle, bien humectée de salive, mais pas trop.

LA DÉLICATESSE DU TOUCHER appartient à ceux qui ont une peau douce, des nerfs sensibles et des tendons nerveux, modérément chauds et secs.

L'IRASCIBILITÉ s'accompagne d'une posture droite, d'une peau claire, d'une voix solennelle, de narines ouvertes, de tempes humides, de veines superficielles apparentes, d'un cou épais, d'un usage égal des deux mains, d'un pas rapide, d'yeux injectés de sang, de grands yeux inégaux et mal orientés, et d'un tempérament colérique.

LA TIMIDITÉ se manifeste par un cou concave, une couleur pâle, des yeux faibles, des cheveux mous, une poitrine lisse et dodue, une voix stridente et tremblante, une petite bouche, des lèvres minces, des mains larges et minces, et de petits pieds tremblants.

LA MÉLANCOLIE SE manifeste par un visage ridé, des yeux déprimés, des sourcils froncés, un rythme lent, un regard fixe et une respiration délibérée.

UNE DISPOSITION AMOUREUSE SE reconnaît à un visage beau et fin, une abondance de cheveux, des tempes rugueuses, un front large, des yeux brillants et humides, des narines larges, des épaules étroites, des mains et des bras poilus, des jambes bien dessinées.

LA GAIETÉ va de pair avec un front serein et ouvert, un visage rose et agréable, un ton de voix doux et musical, un corps agile et des chairs douces.

L'ENVIE se manifeste par un front ridé, un air renfrogné, abattu et plissé, un visage pâle et mélancolique, une peau sèche et rugueuse.

L'INTRÉPIDITÉ réside souvent dans un petit corps, avec des cheveux roux bouclés, un visage rouge, des sourcils froncés, arqués et jointifs, des yeux bleus et jaunâtres, une grande bouche et des lignes rouges dans la main.

LA DOUCEUR ET LA COMPLAISANCE SE distinguent par une paume douce et humide, la fréquence des fermetures d'yeux, des mouvements souples, une élocution lente, des cheveux doux, raides et de couleur claire.

LA TIMIDITÉ peut être décelée par des yeux humides, jamais grands ouverts, des sourcils souvent baissés, des joues rougissantes, une allure modérée, une parole lente et soumise, un corps courbé et des oreilles brillantes d'une teinte pourpre.

LA TEMPÉRANCE OU LA SOBRIÉTÉ s'accompagne d'une respiration égale, d'une bouche de taille moyenne, de tempes lisses, d'yeux de taille ordinaire, clairs ou azurés, et d'un corps court et plat.

LA FORCE DE L'ESPRIT se traduit par des cheveux clairs et bouclés, un petit corps, des yeux brillants mais un peu déprimés, une voix grave et intense, une barbe touffue, un dos et des épaules larges.

L'ORGUEIL s'avoue avec des sourcils arqués, une grande bouche proéminente, une poitrine large, un pas lent, une tête droite, des épaules haussées et des yeux fixes.

LA LUXURE habite les gens au teint rougeâtre ou pâle, aux tempes duveteuses, au crâne chauve, aux petits yeux, au cou épais, au corps corpulent, au grand nez, aux sourcils minces et aux mains couvertes d'une sorte de duvet.

Une barbe touffue, des doigts larges, une langue pointue, des yeux d'une teinte rougeâtre, une grande lèvre supérieure proéminente et un nez pointu peuvent donner lieu à une certaine LOQUACITÉ.

LA PERVERSITÉ peut être redoutée si l'on remarque un front haut, un cou ferme, court, épais et immobile, une élocution rapide, un rire immodéré, des yeux ardents, des mains et des doigts courts et charnus.

FIN

✳✳✳✳✳

Printed in France by Amazon
Brétigny-sur-Orge, FR

20387677R00066